ESTRATÉGIA DE MARKETING

ESTRATÉGIA DE MARKETING

JACK TROUT

M. BOOKS

M. Books do Brasil Editora Ltda.

Av. Brigadeiro Faria Lima, 1993 - 5º andar - Cj. 51
01452-001 - São Paulo - SP - Telefones: (11) 3168-8242/(11) 3168-9420
Fax: (11) 3079-3147 - e-mail: vendas@mbooks.com.br

Dados de Catalogação na Publicação

Trout, Jack
Estratégia de Marketing / Jack Trout
2005 – São Paulo – M.Books do Brasil Editora Ltda.
1. Marketing

ISBN: 85-89384-54-3

Do original: Trout on Strategy

Original em inglês publicado pela McGraw-Hill.

EDITOR
MILTON MIRA DE ASSUMPÇÃO FILHO

Produção Editorial
Salete Del Guerra

Tradução
Cássia Maria Nasser

Revisão de Texto
Silvio Ferreira Leite
Lucrécia Barrros de Freitas

Capa
ERJ (sob o projeto original
de Brian Boucher)

Editoração e Fotolitos
ERJ Composição Editorial

2005
1ª edição

À minha mulher, que teve de
conviver comigo, enquanto eu escrevia
todos os meus livros.

SUMÁRIO

PREFÁCIO

A jornada foi longa.

Começando na General Electric e passando por centenas de empresas nos Estados Unidos e em todo o mundo, tive a oportunidade rara de entender o que leva ao sucesso ou ao fracasso no mundo empresarial.

Essas observações foram minuciosamente catalogadas e apresentadas em 10 livros e intermináveis palestras a milhares de executivos nos quatro cantos do planeta.

O que sempre aprendi é que o sucesso não tem nada a ver com as pessoas certas, a atitude certa, as ferramentas certas, os exemplos certos ou a organização certa. Tudo isso ajuda, mas não o colocam no topo.

O segredo é ter a *estratégia* certa.

Porque a estratégia define a direção competitiva, dita o planejamento de produto, nos diz como comunicar interna e externamente, em que focar.

Por isso é tão importante entender o que é estratégia. Quanto melhor compreendermos a estratégia, melhor poderemos selecionar a estratégia certa para o sucesso. E, conseqüentemente, conseguiremos evitar ainda mais os grandes problemas que surgem tão facilmente em nossa era de concorrência arrasadora.

Não há escassez de orientações sobre esse assunto. Nos últimos trinta anos, 21.955 livros foram publicados sobre marketing e planejamento estratégico. Um autor fala sobre vantagem competitiva sustentável, outro anuncia que essa idéia está ultrapassada. Um autor menciona a importância de estudos de casos, outro diz que estudos de casos não deveriam definir a estratégia. E, obviamente, o jargão é inesgotável. Por exemplo: *vantagem dinâmica, análise conjunta, dinâmica competitiva, co-evolução,* e minha expressão predileta, *desvantagem competitiva sustentável*; isso tudo gera apenas confusão.

Mas o que piora ainda mais a situação é o fato de que existem aqueles que dizem que estratégia é uma coisa e marketing é outra. Mas a verdade é que ambos precisam ser combinados para alcançarmos o sucesso. Marketing é o que motiva a empresa. E uma grande estratégia empresarial, sem marketing adequado, quase sempre fracassa no mundo altamente competitivo. Para entender tudo melhor, consideremos o seguinte exemplo:

> *Uma pequena empresa de software encontra uma forma melhor de realizar a gerência de projetos, usando uma nova metodologia que lida com as incertezas que envolvem a maioria dos projetos. Pode dizer que essa empresa tem uma estratégia de vantagem competitiva com um produto superior. Tudo o que a gerência tem a fazer é entregar o produto à equipe do departamento de marketing, instruindo-o para que divulgue esse software maravilhoso, pois é o melhor. Essa abordagem fracassaria.*
>
> *Vamos supor que a empresa tem dois concorrentes grandes e definidos, assim como vários menores. Rapidamente eles atacariam o menor e tentariam tirá-lo da jogada. A estratégia deles seria deixar os clientes inseguros em relação a entregar a gerência de projetos a um desconhecido. Para entrar no jogo, a empresa precisa encontrar um programa de marketing que posicione seu novo software como "A próxima geração de software para gerência de projetos". Tudo que ela precisa é levar essa idéia ao conhecimento dos clientes. A definição dessa percepção de "próxima geração" será a chave para o sucesso ou fracasso, compensando as*

preocupações naturais de lidar com o desconhecido. Ao mesmo tempo, ninguém deseja comprar o que dá a impressão de ser obsoleto.

Como podemos ver nesse exemplo, o marketing de próxima geração do software aprimorado explorou um princípio básico de posicionamento, que afirma que é melhor ser o primeiro do que o melhor. O marketing é que motiva a estratégia empresarial. Assim, minha definição de *estratégia* é: aquilo que torna você incomparável e que é a melhor maneira de colocar essa diferença na mente de seus clientes e clientes potenciais.

Nesse exemplo, a nova forma de software que lidava com as incertezas era especial. O conceito de próxima geração foi a melhor maneira de chegar aos clientes no mercado.

Embora eu tenha escrito incansavelmente sobre sucesso e fracasso, nunca foquei no que é a essência da boa estratégia. Portanto, voltei e extraí de meus inúmeros livros as diretrizes essenciais para agir corretamente. Ao contrário do meu estilo usual, há alguns exemplos, mas nenhuma história detalhada de caso. Há principalmente os princípios mais importantes a serem seguidos.

É um curso rápido sobre o que aprendi sobre estratégia na longa jornada que empreendi pelo mundo empresarial.

Jack Trout

1

A ESTRATÉGIA É A SOBREVIVÊNCIA

Usar uma boa estratégia é como sobreviver no mundo da competição intensa, é como sobreviver ao que denomino *tirania da escolha*.

No início, escolher não representava problema. Quando nossos ancestrais queriam saber "O que temos para o jantar?", a resposta não era muito complicada: podia ser qualquer animal, existente nas proximidades, que eles pudessem dominar, matar e arrastar à caverna.

Hoje, entramos em um supermercado cavernoso e deparamos com um mar de tipos e cortes de carnes; animais que outra pessoa dominou, matou, preparou e empacotou para nós.

O problema não é mais apanhar o jantar, mas tentar decidir o que comprar em meio a centenas de embalagens nos fitando das prateleiras. Carne vermelha? Carne branca? Outra variedade de carne branca? Carne de mentirinha?

Isso é só o começo. Ainda precisamos decidir que parte do animal queremos. Alcatra? Costelas? Filé? Cupim?

E o que levar para os familiares que não comem carne?

PESCAR PARA O JANTAR

Para nossos ancestrais, fisgar um peixe era apenas uma questão de afiar um graveto e contar com a sorte.

Hoje, significa entrar em uma Bass Pro Shop , L.L.Bean, Cabela's ou Orvis e ficar perplexo com a variedade estonteante de varas de pescar, molinetes, anzóis, redes, barcos, e por aí vai.

Na loja matriz da Bass Pro Shop, com 28.000 m^2, em Springfield, Missouri, o cliente ganha um corte de cabelo e ainda lhe fazem uma isca com o cabelo cortado.

As coisas mudaram muito, desde aquele graveto afiado.

JANTAR FORA

Hoje, muita gente acha melhor deixar que outras pessoas decidam o que há para o jantar. Mas resolver aonde ir não é fácil em uma cidade como Nova York.

Por isso, em 1979, Nina e Tim Zagat criaram o primeiro guia de restaurantes de Nova York, para nos ajudar nessa difícil escolha.

Atualmente, os guias de bolso *Zagat Survey* tornaram-se *best-sellers*, com 100.000 participantes classificando e criticando restaurantes em mais de 40 grandes cidades dos Estados Unidos e outros países.

UMA EXPLOSÃO DE OPÇÕES

O que mudou no mundo empresarial nas últimas décadas foi a proliferação surpreendente de ofertas de produtos em quase todas as categorias. Estima-se que há 1 milhão de entrepostos (stock keeping units, SKUs) nos Estados Unidos. Um supermercado médio chega a ter 40.000 unidades de armazenagem. Agora, a informação mais surpreendente – uma família média precisa de apenas 150 entrepostos para satisfazer de 80% a 85% de suas necessidades. Isso significa que existe uma grande possibilidade de ignorarmos 39.850 itens na loja.

Comprar um carro nos anos 50 significava escolher um modelo da GM, Ford, Chrysler ou American Motors. Hoje pode-se optar por carros da GM, Ford, DaimlerChrysler, Toyota, Honda, Volkswagen, Fiat, Nissan, Mitsubishi, Renault, Suzuki, Daihatsu, BMW, Hyundai, Daiwa, Mazda, Isuzu, Kia e Volvo. Havia 140 modelos de veículos motorizados no início dos anos 70. Hoje existem 260.

Mesmo em um mercado restrito como o de carros esportes do tipo Ferrari, de US$ 175.000, existe concorrência crescente. Temos o Lamborghini, o novo carro esporte da Bentley, o Aston Martin, e o novo Mercedes Vision SLR.

Há três décadas, a maioria dos fabricantes de veículos oferecia meia dúzia de modelos. Hoje existem tantos (utilitários esportivos, conversíveis, carros com porta-malas espaçoso, cupês, minivans, carros de passeio, pick-ups e veículos que combinam as características de uma minivan e de um utilitário), que as empresas são forçadas a terceirizar sua fabricação. Uma montadora na Áustria agora faz BMWs, Jeeps, Mercedes e Saabs. O velho Henry Ford provavelmente está assistindo, incrédulo, a tudo isso lá de cima. O conceito dele era "todos pretos e iguais".

E a proliferação de opções de pneus para esses carros é ainda pior. Antes, tínhamos Goodyear, Firestone, General e Sears. Hoje, as opções incluem Goodyear, Bridgestone, Cordovan, Michelin, Cooper, Dayton, Firestone, Kelly, Dunlop, Sears, Multi-Mile, Pirelli, General, Armstrong, Sentry, Uniroyal e outras 22 marcas.

A grande diferença é que, no passado, o que costumava ser mercado nacional, com empresas locais concorrentes, tornou-se um mercado global, com todos competindo por toda a parte.

Escolhas na Área da Saúde

Consideremos algo básico, como a saúde. Nos velhos tempos, tínhamos, nos Estados Unidos, nosso médico, nosso hospital, Blue Cross e talvez Aetna/US Healthcare, Medicare ou Medicaid. Agora temos de lidar com novos nomes como MedPartners, Cigna, Prucare, Columbia, Kaiser, Wellpoint, Quorum, Oxford, Americare e Multiplan, e conceitos como *HMOs – health maintenance organizations* (organizações para manutenção da saúde), *PROs – peer review organizations* (organizações para revisão de pares), *PHOs – physician hospital organizations* (organizações hospitalares de médicos) e *PPOs – preferred provider organizations* (organizações de provedor preferido).

As Opções Estão por Toda a Parte

O que acabamos de descrever é o que acontece no mercado norte-americano, que, dos mercados mundiais, sem dúvida oferece a maior variedade de opções (porque nossos cidadãos têm maior poder aquisitivo e contam com o maior número de profissionais de marketing visando ao seu dinheiro).

Imagine uma nação emergente como a China. Após décadas comprando produtos alimentícios genéricos fabricados por empresas estatais, os consumidores chineses agora podem optar entre uma variedade crescente de produtos de marca estrangeiros e nacionais, cada vez que vão às compras. De acordo com uma pesquisa recente, começou a surgir um mercado nacional para produtos alimentícios de marca. A China já pode escolher entre 135 marcas alimentícias nacionais. Os chineses continuam longe de alcançar os norte-americanos, mas estão no caminho certo para a tirania.

Outros mercados permanecem distantes de ser considerados emergentes. Países como a Libéria, Somália, Coréia do Norte e Tanzânia são tão pobres e caóticos que a escolha é apenas um brilho no olhar das pessoas.

A LEI DA DIVISÃO

O que orienta a escolha é a *lei da divisão,* publicada pela primeira vez em 1993 no livro que escrevi com Al Ries, As 22 Consagradas Leis de Marketing.

Assim como o computador, o automóvel começou com uma única categoria. Três marcas (Chevrolet, Ford e Plymouth) dominavam o mercado. Depois a categoria dividiu-se.

Hoje, um lar conectado tem mais de 150 canais de TV para escolher. E estão nos ameaçando com o *"streaming video"*, que promete tornar ridículo o sonho do setor de transmissões a cabo, oferecendo um universo de 500 canais. Com tanta oferta, se você passar por todos eles e tentar encontrar algo para assistir, quando conseguir, o programa já terá terminado.

A divisão é um processo inevitável. Se alguém duvida, analise a tabela seguinte sobre a explosão de opções.

A "INDÚSTRIA DA OPÇÃO"

Tudo isso conduziu a um setor direcionado a ajudar pessoas a escolher. Já falamos sobre os guias de restaurantes *Zagat*.

A EXPLOSÃO DE OPÇÕES

Item	Início dos anos 70	Final dos anos 90
Modelos de veículos	140	260
Itens de cardápio KFC[1]	7	14
Estilos de veículos	654	1.121
Variedades de Frito-Lay	10	78
Estilos de veículos utilitários esportivos	8	38
Cereais para o café da manhã	160	340
Modelos de computador	0	400
Variedades de Pop-Tart[2]	3	29
Softwares	0	250.000
Marcas de refrigerantes	20	87
Sites Web	0	4.757.894
Marcas de água mineral	16	50
Filmes	267	458
Tipos de leite	4	19
Aeroportos	11.261	18.202
Variedades do creme dental Colgate	2	17
Revistas	339	790
Antissépticos orais	15	66
Livros	40.530	77.446
Fio dental	12	64
Faculdades	886	1.742
Medicamentos	6.131	7.563

continua ...

1 Kentucky Fried Chicken – marca de fast-food americana. (N. do T.)

2 Produto da Kellog's que consiste de massa recheada com frutas ou chocolate, geralmente consumido no café da manhã. (N. do T.)

A EXPLOSÃO DE OPÇÕES

Item	Início dos anos 70	Final dos anos 90
Parques de diversões	362	1.174
Analgésicos vendidos sem receita médica	17	141
Tamanhos de tela de televisores	5	15
Estilos de jeans Levi's	41	70
Canais de televisão Houston	5	185
Estilos de tênis	5	285
Estações de rádio	7.038	12.458
Estilos de meias-calças	5	90
Itens no cardápio do McDonald's	13	43
Tipos de lentes de contato	1	36

Para todo lado que olhamos, há sempre alguém oferecendo orientações sobre, por exemplo, quais dos 8.000 fundos mútuos devemos comprar. Ou como encontrar o dentista certo em St. Louis. Ou o melhor programa de MBA em centenas de Faculdades de Administração. (Será que isso nos ajuda a conseguir um emprego em Wall Street?)

Revistas como *Consumer Reports* e *Consumers Digest* tratam do ataque violento de produtos e opções que nos enlouquecem. Psicólogos afirmam que esse mar de escolhas nos confunde. Veja o que Carol Moog tem a dizer sobre o assunto: "Opções demais, todas podendo ser atendidas instantaneamente, favorecimentos imediatos, que deixam crianças – e adultos – infantis. Da perspectiva do marketing, as pessoas param de se preocupar e perdem a capacidade de tomar decisões. Elas recuam e se protegem do excesso de estímulo; ficam entediadas."

ESCOLHER PODE SER CRUEL

O dicionário define *tirania* como poder absoluto, quase sempre cruel ou implacável.

Assim é a escolha. Com a enorme concorrência, os mercados atuais são dirigidos pela escolha. O cliente tem tantas alternativas boas, que você paga caro por seus erros. Os concorrentes se apossam do nosso negócio e não o conseguimos de volta com facilidade. Empresas que não entendem esse fato não sobreviverão. (*Isso* é cruel.)

Dê uma olhada em alguns nomes nos túmulos do cemitério de marcas: American Motors, Burger Chef, Carte Blanche, Eastern Airlines, Gainesburgers, Gimbel's, camisas Hathaway, Horn & Hardart, Mr. Salty Pretzels, Philco, Trump Shuttle, VisiCalc, Woolworth's.

E essa é apenas uma pequena lista de nomes que não existem mais.

E FICARÁ AINDA PIOR

Não aposte que a situação vai se acalmar. Sinto que ficará ainda pior pela simples razão de que a escolha parece gerar mais escolhas.

No livro *Faster,* James Glieck esboça o que pode ser chamado de futuro nebuloso, e que ele descreve como "A aceleração de quase tudo". Consideremos o seguinte contexto:

> *Essa proliferação de opções representa outro* loop *positivo de feedback – uma coleção desses* loops. *Quanto mais nossa sede de informação é saciada, mais "portais" na Internet e mecanismos de busca e infobots*[3]

3 Software autônomo que serve como base de dados comum (geralmente endereços da Web) para usuários de um sistema de bate-papo. (N. do T.)

surgem para despejar informações em nosso caminho. Quanto mais linhas telefônicas temos, de mais precisamos. Quanto mais patentes existem, maior é o número de advogados e serviços de busca de patentes. Quanto mais livros de culinária compramos ou folheamos, mais sentimos a necessidade de servir aos convidados algo novo, e mais livros de culinária são necessários. As complicações geram escolhas; as escolhas inspiram tecnologia; a tecnologia cria complicações. Sem a distribuição e a eficácia de fabricação da era moderna, sem números telefônicos gratuitos, entrega expressa, códigos de barras, scanners e, sobretudo, computadores, as opções não estariam se multiplicando dessa maneira.

Senhoras e senhores, ainda não vimos nada.

O Que Realmente Funciona

Nitkin Nohria, William Joyce e Bruce Roberson realizaram o que foi descrito na *Harvard Business Review* (julho de 2003) como "o estudo mais rigoroso de práticas de gerência já empreendido". Eles disseram que o que realmente funciona não são CRM, TQM, BPR e outras ferramentas e modismos. O desempenho superior neste mundo competitivo está relacionado ao domínio dos princípios básicos empresariais. Vince Lombardi, do famoso Green Bay Packers, o teria descrito como uma boa defesa e um bom ataque.

Seu princípio básico número um era "arquitetar e manter uma estratégia focada, claramente definida". Atingir a excelência na estratégia é especificá-la e comunicá-la constantemente aos clientes, empregados e acionistas. É uma proposição simples, de valor focado. Em outras palavras, qual a razão para comprar de você e não de um de seus concorrentes?

A Definição de Estratégia

Se usar boa estratégia é a maneira de sobreviver, um bom ponto de partida é olhar a definição de estratégia, como mostra o *Webster's New World Dictionary:*

> *A ciência de planejar e dirigir operações militares de grande escala. De manobrar as forças para a posição mais vantajosa, antes do confronto real com o inimigo.*

Vemos que se trata de uma palavra militar, tendo o inimigo em mente. Se vamos procurar aquela "posição mais vantajosa", primeiro precisamos estudar, entender e fazer manobras no campo de batalha, o qual está na mente dos clientes efetivos e potenciais.

RESUMO

**No mundo competitivo,
usar estratégia é
a maneira de sobreviver.**

2

A ESTRATÉGIA É A PERCEPÇÃO

Posicionamento é como nos diferenciamos na mente do cliente potencial. É também como o cérebro funciona no processo de comunicação.

As primeiras palavras sobre esse assunto importante datam de 1969, quando escrevi um artigo na *Industrial Marketing Management* intitulado "Positioning Is a Game People Play in Today's Me-Too Marketplace"[1]. (Foi ali que a escolha começou a dar o ar da graça.)

Aqui está um segredo não revelado. Escolhi a palavra *posicionamento* por causa da definição de estratégia encontrada no dicionário e apresentada no capítulo anterior: encontrar a posição mais vantajosa contra o inimigo.

Depois, em 1981, meu ex-sócio Al Ries e eu publicamos o famoso *Posicionamento: A Batalha pela sua Mente*. Em 1996, escrevi *The New*

1 O posicionamento é um jogo do mercado atual onde tudo se copia. (N. do T.)

Positioning: The Latest on the World's #1 Business Strategy. Esse livro dizia que a estratégia empresarial obtém sucesso ou fracasso, dependendo da forma como entendemos os cinco elementos mais importantes do processo de posicionamento. Aqui está um curso rápido sobre cada um deles.

1. O CÉREBRO É LIMITADO

Como o banco de memória de um computador, o cérebro tem uma ranhura ou posição para cada informação que decide reter, e opera de maneira bem parecida à do computador.

Mas existe uma diferença importante. O computador tem de aceitar o que colocamos nele, o cérebro não. Na verdade, é o oposto. O cérebro rejeita novas informações, que não computa. Ele aceita apenas novas informações que combinam com seu estado de espírito naquele momento.

Um Recipiente Inadequado

Além de rejeitar informações que não combinam com seus conhecimentos ou experiências anteriores, o cérebro humano não tem muitos conhecimentos ou experiências anteriores para usar.

Em nossa sociedade supercomunicativa, o cérebro é um recipiente totalmente inadequado.

Segundo o psicólogo de Harvard, George A. Miller, o cérebro humano médio não consegue lidar com mais de sete unidades de cada vez, razão pela qual sete é um número comum para listas que precisam ser memorizadas. Números telefônicos com sete dígitos, as sete maravilhas do mundo, Branca de Neve e os sete anões.

Pergunte a alguém todas as marcas de que ele se lembra em determinada categoria de produto. Raramente serão citadas mais de sete. E isso para uma categoria de alto interesse. Para produtos de baixo interesse, o consumidor médio geralmente não cita mais do que uma ou duas marcas.

Tente enumerar os Dez Mandamentos. Se for muito difícil, o que acha dos sete sinais de perigo de câncer? Ou os Quatro Cavaleiros do Apocalipse?

Se nosso recipiente de armazenamento mental é pequeno demais para lidar com perguntas como essas, como seremos capazes de saber todos os nomes de marcas que se multiplicam como coelhos no decorrer dos anos?

A Escada de Produtos

Para lidar com a explosão de produtos, aprendemos a classificar produtos e marcas mentalmente. Talvez isso seja melhor visualizado imaginando-se uma série de escadas. Em cada degrau há um nome de marca. E cada escada representa uma categoria distinta de produto..

Algumas escadas têm muitos degraus. (Sete é muito.) Outras têm pouquíssimos, ou nenhum.

O competidor que deseja aumentar sua participação em um negócio precisa deslocar sua marca para cima (uma tarefa geralmente impossível) ou, de alguma maneira, relacionar sua marca à posição de outra empresa.

Porém, inúmeras empresas embarcam em programas de marketing e publicidade como se a posição do concorrente não existisse. Anunciam seus produtos no vácuo e decepcionam-se quando a mensagem não surte efeito.

Escalar a escada mentalmente pode ser dificílimo, se as marcas acima tiverem uma base forte, e nenhuma alavancagem ou estratégia de posicionamento for aplicada.

O anunciante que deseja introduzir uma nova categoria de produto precisa trazer uma nova escada, que também é difícil, sobretudo se a nova categoria não estiver posicionada em relação à antiga. O cérebro não tem espaço para o que é novo e diferente, a menos que se relacione ao antigo.

É por isso que, se tivermos um produto realmente novo, é melhor dizer ao cliente potencial o que o produto não é, ao invés de afirmar o que ele é.

O primeiro automóvel, por exemplo, foi chamado de *carroça sem cavalos*, um nome que permitiu ao público posicionar o conceito em relação ao meio de transporte existente.

Frases como *apostas longe da pista de corridas, gasolina sem chumbo* e *refrigerante sem adição de açúcar* são exemplos de como novos conceitos podem ser mais bem posicionados em relação aos antigos.

O Fator Notícia

Outra maneira de superar a avareza natural da mente no que diz respeito a aceitar novas informações é trabalhar arduamente na apresentação de sua mensagem como *notícia* importante.

Incontáveis publicitários tentam divertir ou parecer inteligentes. Ao fazê-lo, quase sempre desprezam o fator notícia.

O grupo de pesquisadores da Roper Starch pode demonstrar que manchetes contendo novidades funcionam melhor do que as outras. Infelizmente, a maioria dos indivíduos criativos considera isso uma notícia *velha*.

Se as pessoas acham que você tem uma mensagem importante a transmitir, geralmente abrem os olhos ou ouvidos por tempo suficiente para absorvê-la.

2. O CÉREBRO DETESTA CONFUSÃO

Os seres humanos dependem mais da aprendizagem do que qualquer outra espécie jamais existente.

"Aprender é a maneira pela qual animais e seres humanos adquirem novas informações", diz um cientista do Center for Neurobiology and Behavior da Columbia University. "A memória é a forma que eles encontram para reter essas informações no decorrer do tempo."

"Memória não é apenas a capacidade de lembrar um número de telefone", afirma a psicóloga experimental Lynne Reder, que estudou o assunto na Carnegie Mellon University. "Ao contrário, é um sistema dinâmico usado em quase todas as facetas do processamento de idéias. Usamos a memória para ver, para entender a linguagem, para saber aonde vamos."

Portanto, se a memória é assim tão importante, qual é o segredo de se lembrar?

Simplicidade

Quando lhe perguntaram que evento foi mais útil no desenvolvimento da teoria da relatividade, Albert Einstein respondeu: "Descobrir como pensar sobre o problema".

John Sculley, ex-presidente do Conselho da Apple, disse o seguinte:

Tudo que aprendemos na era industrial costuma criar mais e mais complicações. Acho que um número cada vez maior de indivíduos está aprendendo que temos de simplificar, não complicar. É uma idéia bem oriental – que a simplicidade é a sofisticação máxima.

Comunicadores profissionais, como os que trabalham na transmissão de rádio e televisão, entendem esse princípio muito bem. Eles mantêm a seleção de palavras bem simples. (Mais detalhes sobre esse assunto no Capítulo 6.)

O Problema da Complexidade

Costumamos pensar que o tédio surge da falta de estímulos, um tipo de *insuficiência* de informações.

Porém, cada vez mais, o tédio surge da estimulação excessiva ou sobrecarga de informações.

Informações, assim como a energia, costumam degradar-se em entropia – apenas ruídos, redundância ou banalidades. Ou seja, o cavalo veloz da informação ultrapassa o cavalo lento do significado.

Respostas complicadas não ajudam ninguém. Por exemplo, todo executivo deseja informações, pois a diferença entre uma decisão e um palpite quase sempre está ligada à informação. Mas os executivos atuais não querem ser soterrados vivos por uma avalanche de relatórios e impressos.

Produtos com Algo Mais

Temos esta expressão maravilhosa para novos produtos: *algo mais.*

Os profissionais de marketing adoram falar sobre *convergência,* o processo pelo qual tecnologias se fundem e novos produtos maravilhosos são apresentados com um número sempre maior de características. Aqui está uma lista inicial de vítimas:

- EO Personal Communicator da AT&T, um telefone celular, fax, correio eletrônico, agenda pessoal e palm top.
- Doc-it da Okidata, impressora, fax, scanner e copiadora de mesa.
- Newton da Apple, fax, beeper, agenda e palm top.
- Aparelho multimídia da Sony, com monitor e teclado interativo.

Todos são simples, se comparados à versão de Bill Gates da carteira do futuro. Ele a vê como um mecanismo que combinará ou substituirá chaves, cartões de crédito, documento de identidade, dinheiro, implementos para escrita, passaporte e fotos das crianças. Também teria um sistema de posicionamento global, para sabermos sempre onde estamos.

Será que algum desses produtos terá sucesso?

Provavelmente não. São muito confusos e complexos. A maioria das pessoas no mundo ainda não sabe como usar o aparelho de vídeo.

As pessoas resistem ao que é confuso e recebem de braços abertos o que é simples. Querem apertar um botão e ver a coisa funcionar.

Conceitos Confusos

Os conceitos básicos por trás de alguns produtos prevêem fracasso. Não porque não funcionam, mas porque não fazem sentido.

Vejamos o desodorante de vitamina E, da Mennen. Isso mesmo, você vaporizava vitamina debaixo do braço.

Apresente esse conceito a um grupo de consumidores e, sem dúvida, eles vão dar uma boa gargalhada. Não faz sentido, a menos que você queira as axilas mais saudáveis e bem alimentadas do país. Ninguém vai tentar entender *isso*.

Fracassou rapidamente.

Vejamos o Extra-Strength Maalox Whip Antacid. Isso mesmo, a idéia era borrifar um pouco de creme em uma colher e tomar, para combater azia.

Esse produto teve dificuldade até mesmo em chegar às prateleiras, pois os donos das drogarias riam na cara dos vendedores. Antiácidos são comprimidos ou líquido, não creme.

Na época, tudo que rendeu ao fabricante, William H. Rorer, foi uma indigestão onerosa.

A confusão marca pontos novamente.

3. A MENTE É INSEGURA

Aristóteles teria sido um péssimo publicitário. Lógica pura não garante um argumento vencedor.

A mente costuma ser emotiva, não racional.

Por que as pessoas compram o que compram? Por que agem de certa maneira no mercado? Segundo os psicólogos Robert Settle e Pamela Alreck, em seu livro *Why They Buy,* os consumidores não sabem, ou não dizem.

Quando perguntamos às pessoas por que fizeram determinada compra, as respostas quase sempre não são muito precisas ou práticas.

Isso pode significar que realmente sabem, mas relutam em revelar a verdadeira razão.

Na maioria das vezes, elas de fato *não* sabem exatamente quais são os motivos.

Mesmo quando o assunto é recordar, a mente é insegura e costuma lembrar-se de coisas que não existem mais. O reconhecimento de uma marca bem estabelecida geralmente permanece alto por mais tempo, mesmo se o apoio publicitário já acabou.

Comprar o Que Outros Compram

Minha experiência diz que as pessoas não sabem o que querem. (Portanto, por que perguntar?)

Na maioria das vezes, compramos o que achamos que deveríamos ter, mais ou menos como ovelhas seguindo o rebanho.

Será que tantos usuários realmente precisam de um veículo de quatro portas? (Não.) Se precisassem, por que esses carros não se tornaram populares anos atrás? (Não estavam na moda.)

A principal razão para esse tipo de comportamento é a insegurança, um assunto sobre o qual muitos cientistas escreveram amplamente.

Cinco Formas de Risco Percebido

O cérebro é inseguro por muitas razões. Uma delas é o risco percebido de fazer algo tão básico quanto uma compra.

Cientistas comportamentais dizem que há cinco formas de risco percebido:

1. *Risco monetário.* Existe a possibilidade de eu perder meu dinheiro.
2. *Risco funcional.* Talvez não funcione ou não faça o que deveria fazer.
3. *Risco físico.* Parece perigoso. Posso me machucar.

4. *Risco social.* O que meus amigos pensarão se eu comprar isto?
5. *Risco psicológico.* Talvez eu me sinta culpado ou irresponsável se fizer esta compra.

Seguindo o Rebanho

Um dos trabalhos mais interessantes sobre por que as pessoas seguem as outras foi escrito por Robert Cialdino. Ele fala do princípio de *aprovação social* como arma potente de influência:

> *O princípio afirma que determinamos o que é correto ao descobrir o que os outros acham correto. O princípio aplica-se sobretudo à maneira como decidimos o que constitui o comportamento correto. Consideramos o comportamento correto em determinada situação, quando o vemos ser adotado por outros.*
>
> *A tendência em considerar uma ação adequada, quando outros a praticam, geralmente funciona bem. Como regra, cometeremos menos erros agindo de acordo com as convenções sociais do que sendo contrários a elas. Se muitas pessoas fazem determinada coisa, em geral é o certo.*
>
> *Esse aspecto do princípio da aprovação social é simultaneamente seu principal ponto forte e fraco. Como as outras armas de influência, ela proporciona um atalho conveniente para determinar como se comportar, mas, ao mesmo tempo, torna aquele que usa o atalho vulnerável aos ataques de aproveitadores à espreita ao longo do caminho.*

O Testemunho

Quando estamos incertos, procuramos outros que nos ajudem a decidir.

Por isso, um dos mecanismos mais antigos que se conhece na publicidade é o *testemunho*.

Ele ataca a mente insegura em várias frentes emocionais – um trio de vaidade, ciúme e medo de ficar de fora.

Stanley Resor, ex-presidente da J. Walter Thompson, o denominava "espírito de imitação". Segundo Resor, "queremos copiar aqueles que consideramos superiores em gosto, conhecimento ou experiência".

Os testemunhos preferidos de hoje envolvem atletas. Michael Jordan e Tiger Woods são os melhores.

O Carro-chefe

Criar o *efeito carro-chefe* é outra técnica poderosa para lidar com a insegurança.

Em sua forma original, o carro-chefe era um veículo cuidadosamente enfeitado, usado para transportar músicos em desfiles. Hoje, significa qualquer causa ou tendência que atraia um número crescente de pessoas.

Pesquisas e grupos de opinião sempre constituem autoridade para definir o carro-chefe. (As pesquisas de J. D. Powers são um ótimo exemplo.)

Outra estratégia de carro-chefe para lidar com a insegurança é "o que mais cresce" ou "o que mais vende". Ela diz que os outros obviamente reconhecem que temos um excelente produto.

A Herança

Os profissionais de marketing também apresentam a tradição e a cultura como forma de atrair pessoas para o carro-chefe. (Afinal de contas, como um mero consumidor pode argumentar contra a herança?)

Já em 1919, um piano Steinway era descrito em uma propaganda como "o instrumento dos imortais".

A Cross anuncia suas canetas e lapiseiras como "clássicos perfeitos desde 1846".

Glenlivet se posiciona como "O pai do Scotch. O governo de Sua Majestade concedeu à The Glenlivet Distillery a primeira licença, sob a Lei de 1823, para produzir puro malte nas Highlands".

A Coca-Cola explorou sua herança de ter inventado a bebida e a denominou "a verdadeira". É a estratégia mais poderosa da empresa.

4. AS OPINIÕES NÃO MUDAM

Sempre houve, no setor de marketing, a sensação geral de que a publicidade de novos produtos geraria maior interesse do que a publicidade de marcas estabelecidas.

Acontece que ficamos mais impressionados com o que já conhecemos (ou compramos) do que com o "novo".

Uma organização de pesquisas, McCollum Spielman, testou mais de 22.000 comerciais de televisão durante 23 anos. Quase 6.000 eram de novos produtos, separados em dez categorias.

O que descobriram, quando compararam marcas novas e antigas? Maior capacidade persuasiva e mudanças de atitude – o chamado entusiasmo pelo novo produto – ficaram aparentes em apenas uma de dez categorias (produtos para animais de estimação).

Nas outras 9 categorias – variando de medicamentos a bebidas, e itens de higiene pessoal – não houve diferença real, nenhuma explosão de entusiasmo, permitindo aos consumidores distinguir entre marcas estabelecidas e novas.

Com milhares de comerciais envolvendo centenas de marcas, podemos muito bem descartar a "criatividade" como diferencial na persuasão. Voltamos sempre ao que já conhecemos, ao que nos é familiar.

Tentando Mudar Atitudes

No livro *The Reengineering Revolution,* o professor do MIT e consultor Michael Hammer chama a resistência inata do ser humano à mudança de a "parte mais surpreendente, irritante, perturbadora e confusa" da reengenharia.

Para nos ajudar a entender melhor essa resistência, o livro intitulado *Attitudes and Persuasion* oferece alguns *insights*. Escrito por Richard Petty e John Cacioppo, ele devota algum tempo aos "sistemas de crenças". Aqui está a opinião dos autores sobre por que as opiniões são tão difíceis de mudar:

> *A natureza e estrutura dos sistemas de crenças são importantes do ponto de vista de um teórico da informação, pois considera-se que as crenças proporcionam a base cognitiva de determinada atitude.*
>
> *Assim, para mudar essa atitude, é provavelmente necessário modificar as informações sobre as quais ela se apóia. Portanto, geralmente é necessário mudar as crenças do indivíduo, eliminar as antigas ou introduzir novas.*

E podemos conseguir tudo isso com um comercial de 30 segundos?

A Opinião dos Psicólogos

The Handbook of Social Psychology reforça como é difícil mudar atitudes:

> *Qualquer programa para mudar atitudes cria problemas terríveis. A dificuldade em mudar as crenças básicas do indivíduo, mesmo por meio de um procedimento tão elaborado e intenso quanto a psicoterapia, é compreensível, assim como o fato de que os procedimentos que são eficazes para mudar algumas atitudes têm pouco efeito sobre outras.*

E o que piora ainda mais a situação é que a verdade não tem fundamento real nesses problemas. Vejamos esta observação:

> *As pessoas assumem atitudes em uma ampla variedade de questões. Elas parecem saber do que gostam (e sobretudo do que não gostam), mesmo em relação a assuntos que não dominam, como a cultura dos turcos, esquimós, tailandeses, ou temas de menor relevância para suas preocupações cotidianas, como a vida em outras galáxias, por exemplo.*

Portanto, parafraseando um antigo programa de televisão, se sua tarefa, Sr. Phelps, é mudar a cabeça das pessoas, recuse-a.

5. A MENTE PODE PERDER O FOCO

No passado, as grandes marcas, em sua maioria, eram claramente percebidas pelos clientes, que tinham uma visão muito nítida de suas marcas preferidas.

Quando Anheuser-Busch orgulhosamente proclamava "Esta Bud é para você", o consumidor sabia exatamente o que estava sendo servido.

O mesmo valia para a Miller High Life ou a velha cerveja Coors.

Mas, na década passada, a Budweiser invadiu o mercado com uma variedade imensa de cervejas comuns, leves, *drafts*, claras, fermentadas a frio, a seco, no gelo.

Agora a frase "Esta Bud é para você" pode apenas gerar a pergunta: "Em qual você está pensando?"

Aquela percepção clara que aflorava na mente ficou fora de foco. Não é espantoso que o Rei das Cervejas esteja perdendo seus súditos.

A Armadilha da Extensão da Linha de Produtos

A perda do foco trata-se, na verdade, da *extensão da linha*. E nenhuma questão em marketing é tão polêmica.

Em *Advertising Age*, de 1972, Al Ries e eu alertamos as empresas para não caírem no que chamamos de "armadilha da extensão da linha".

Posicionamento: A Batalha pela sua Mente contém dois capítulos sobre o problema da extensão da linha.

Em *As 22 Consagradas Leis de Marketing*, ela se tornou a lei mais violada.

Não que nossa falta de aprovação desencorajasse as pessoas. Na verdade, ocorreu o oposto. "Estender o valor da marca" tornou-se primordial, enquanto empresas como a Coca-Cola falam em conceitos como "megamarcas".

Durante anos, fomos as vozes solitárias gritando contra a extensão da linha. Mesmo o *Journal of Consumer Marketing* percebeu o fato: "Ries e Trout permanecem sozinhos, como os únicos críticos explícitos da prática de extensão de marcas". (Nossas opiniões não mudaram.)

Isso durou até a *Harvard Business Review* (novembro-dezembro de 1994) render-se ao veredicto: "A extensão da linha de produtos sem controle pode enfraquecer a imagem da marca, perturbar relações comerciais e disfarçar aumentos no custo".

É isso aí, gente.

Uma Questão de Perspectiva

Opiniões diferentes sobre esse assunto são basicamente uma questão de perspectiva. As empresas analisam suas marcas do ponto de vista econômico. Para obter redução de custos e aceitação comercial, estão dispostas a transformar determinada marca altamente focada, que representa certo tipo de produto ou idéia, em marca sem foco, que representa dois, três ou mais tipos de produtos ou idéias.

Vejo a questão da extensão da linha do ponto de vista da mente do consumidor. Quanto mais variações dermos à marca, mais a mente do consumidor perde o foco. Aos poucos, marcas como a Chevrolet perdem todo o significado.

Scott, a principal marca de papel higiênico, praticou a extensão da linha, acrescentando nomes como Scotties, Scottkins, ScotTowels. Em pouco tempo, "Scott" não passou no teste da lista de compras. (É impossível escrever "Scott" e atribuir-lhe algum significado.)

Perigo: Um Especialista Bem Focado

Tudo estaria bem na terra do Scott, não fosse a entrada em cena do Sr. Whipple e seu papel higiênico macio, Charmin. (Quanto mais perdemos foco, mais vulneráveis ficamos.) Não demorou muito para Charmin tornar-se o número um.

O curso da história empresarial parece comprovar nossas preocupações.

Durante anos, a marca Crisco, da Procter & Gamble, foi a manteiga mais vendida. Depois, o mundo descobriu o óleo vegetal. Obviamente, a Procter & Gamble adotou o Crisco Oil.

Então, quem foi o grande vencedor na confusão do óleo de milho? Isso mesmo, Mazola.

Em seguida, Mazola percebeu o sucesso da margarina de óleo de milho, sem colesterol, e introduziu Mazola Corn Oil Margarine.

E quem foi o vencedor na categoria margarina de óleo de milho? Exatamente, a Fleischmann.

Nesses casos, o especialista, ou concorrente bem focado, é que saiu vencedor.

As Armas do Especialista

Aqui estão algumas considerações sobre por que a marca especializada parece causar uma impressão tão forte na mente dos consumidores. (Mais sobre o assunto no Capítulo 5.)

Primeiro, o especialista pode focar um produto, um benefício, uma mensagem. Esse foco permite ao profissional de marketing aprimorar o conteúdo da mensagem, levando seu objetivo rapidamente à mente dos consumidores. Alguns exemplos:

Domino's Pizza pode focar a entrega em domicílio. Pizza Hut tem de falar *tanto sobre* a entrega em domicílio quanto no atendimento nos restaurantes.

A Duracell pode focar pilhas alcalinas de longa duração. A Eveready teve de falar sobre pilhas alcalinas, recarregáveis, resistentes, e para lanternas. (Depois a Eveready ficou mais esperta e ficou apenas com o Energizer, uma boa jogada de sua parte.)

A Castrol pode focar seu óleo especializado para motores pequenos, de alto desempenho. A Pennzoil e Quaker State lidam com todos os tipos de motores.

Outra arma do especialista é a capacidade de ser percebido como tal, ou como o melhor. A Intel é a melhor em *microchips*. Philadelphia é a melhor marca de queijo cremoso. (Isto é, a original.)

Finalmente, o especialista pode tornar-se o genérico da categoria:

Xerox tornou-se a palavra genérica para fotocópia. ("Por favor, tire uma xerox para mim.")

Federal Express tornou-se a palavra genérica para a entrega de um dia para outro. ("Enviarei por FedEx para você.")

A fita adesiva *Scotch*, da 3M, tornou-se a palavra genérica para fita de celofane. ("Vou amarrar tudo com fita Scotch.")

Embora os advogados não gostem da idéia, transformar o nome da marca em genérico é a arma mais eficiente nas guerras de marketing. Mas é algo que apenas o especialista pode fazer. O generalista não pode tornar-se genérico.

Ninguém jamais diz: "Pegue uma cerveja na GE".

RESUMO

Percepção é realidade.
Não se deixe confundir pelos fatos.

3

A ESTRATÉGIA É SER DIFERENTE

Como vimos no Capítulo 2, na terra do posicionamento, uma estratégia bem-sucedida baseia-se em encontrar uma forma de ser diferente e se destacar no mar de concorrentes. Qual o motivo para comprar nossa marca e não a outra?

Embora outros autores tenham escrito sobre a importância da "diferenciação", pouquíssimos – ou nenhum – apresentaram as inúmeras maneiras de chegarmos a ela. É por isso que fui um dos autores do livro *Differentiate or Die*. Mas, antes de falarmos sobre as estratégias de como fazer, é importante focarmos nas estratégias de como não fazer. Ou seja, qualidade e voltar-se para o cliente raramente são idéias de diferenciação.

A GUERRA DA QUALIDADE

Claro, os anos 90 testemunharam uma guerra de qualidade. Líderes empresariais exigiram ferramentas e técnicas para mensurá-la. Um exército de gurus e intelectuais marcharam à frente com livros e infindáveis diatribes sobre como definir, prever e garantir a existência dessa criatura evasiva chamada qualidade.

E lá vieram eles, um labirinto estonteante de siglas e palavras de difícil entendimento: as Sete Ferramentas Antigas, as Sete Ferramentas Novas, TQM (Total Quality Management, Gestão da Qualidade Total), SPC (Statistical Process Control, Controle estatístico de processo), QFD (Quality Function Deployment, Desdobramento da função qualidade), CQL e qualquer outra combinação de três letras.

Só em 1993 foram 422 livros publicados com a palavra *qualidade* no título. Hoje, existe metade desse número. (É provável que tenhamos vencido a guerra.)

Atualmente, pesquisas e mais pesquisas reconhecem que os consumidores vêem melhoria de qualidade por toda parte. Os carros são mais bem-feitos, eletrodomésticos duram mais, computadores vêm com manual de instrução em linguagem simples.

O diretor editorial da empresa de pesquisas Roper Starch Worldwide explica:

> *Todas as marcas precisam se empenhar ainda mais para ficar na frente nos dias de hoje. Continuam elevando o padrão, para atender às necessidades do consumidor que ainda é o rei. E pelo jeito a equação não vai mudar. Os consumidores não relaxaram suas exigências com a melhora da economia. Na verdade, ficaram ainda mais exigentes.*

É como se a qualidade apenas nos mantivesse no jogo.

A GUERRA DA SATISFAÇÃO DO CLIENTE

Se com a qualidade foi uma guerra, então o ataque ao cliente seria o armagedon.

Um estudo relevante publicado na *Harvard Business Review* argumentou que as empresas poderiam melhorar os lucros em no mínimo 25% se reduzissem a deserção de clientes em 5%. Puxa vida! Você poderia ouvir os alarmes disparando nas salas do Conselho de Administração em todos os Estados Unidos.

Seminários, livros e consultores nos mostravam 1001 maneiras de deslumbrar, amar, associar-se e simplesmente agarrar-se àquela pessoa chamada cliente.

Diziam-nos que o cliente é um colaborador. O cliente é o CEO, o rei. O cliente é uma borboleta. (Melhor nem questionar.)

Feedback do cliente significava que cada queixa era um presente. O melhor pós-marketing manteria o cliente para toda a vida. Aprender a gerenciar em tempo total o cliente resolveria todos os nossos problemas.

Seria o suficiente para nos conduzir ao mundo do sem fins lucrativos.

À medida que o século chegava ao final, Marketing Management (primavera de 1999) concluiu: "Praticamente toda empresa hoje está preparada para satisfazer os clientes. Fazemos o máximo é o refrão diário."

Em determinado momento, a satisfação do cliente tornou-se uma necessidade, não um diferencial.

Portanto, agora que esclarecemos isso, vamos analisar as estratégias práticas.

SER O PRIMEIRO É UMA IDÉIA DIFERENCIADA

Entrar na mente do consumidor com uma nova idéia, produto ou benefício nos dá uma enorme vantagem porque, como descrito no Capítulo 2, as opiniões não gostam de mudança.

Os psicólogos referem-se a isso como "continuar na mesma". Muitos experimentos demonstram a atração magnética do *status quo*. A maioria dos que tomam decisões demonstra forte tendência para alternativas que perpetuam a situação atual.

Resumindo: as pessoas costumam prender-se ao que já possuem. Se você conhece alguém um pouco melhor do que seu marido ou mulher, não vale a pena fazer a troca, considerando-se os honorários dos advogados, a divisão da casa e dos filhos.

E se você já estava lá quando seus concorrentes tentaram copiá-lo, tudo que conseguirão será reforçar sua idéia. É muito mais fácil entrar na mente do consumidor primeiro do que tentar convencer alguém de que você tem um produto melhor do que aquele que surgiu primeiro.

Primeiros Que Ainda São Primeiros

Harvard foi a primeira faculdade dos Estados Unidos e ainda é reconhecida como líder.

A revista *Time* ainda é líder em relação à *Newsweek*. A *People* lidera em relação à *Us*. *Playboy* ganha, em liderança, da *Penthouse*. A Chrysler, que introduziu as minivans, ainda é a líder em minivans. A Hewlett-Packard lidera em impressoras de mesa, a Sun em estações de trabalho, e a Xerox em copiadoras. A lista é interminável.

Na cabeça do consumidor, o fato de serem pioneiras, na categoria ou produto, as diferencia de suas seguidoras. Recebem um status especial porque foram as primeiras a chegar ao pico da montanha.

É por isso que Evian, a água mineral francesa, gasta US$ 20 milhões em publicidade para lembrar os consumidores de que ela é *l'original.*

POSSUIR ATRIBUTOS É UMA FORMA DE DIFERENCIAR

Atribuir é uma daquelas palavras usadas amplamente em marketing, mas pouco compreendidas. Portanto, vejamos nossas definições, antes de prosseguirmos.

Primeiro, um atributo é uma característica, peculiaridade ou aspecto distinto de uma pessoa ou objeto. Depois, pessoas ou objetos têm uma mistura de atributos. Cada indivíduo é diferente, em gênero, porte, inteligência, aptidões e atração. Cada produto, dependendo da categoria, também possui um conjunto de atributos. Cada creme dental, por exemplo, é distinto de outros em termos de prevenção de cáries, prevenção da placa bacteriana, sabor, poder branqueador e proteção para o hálito.

Possuir um Atributo

O que torna um indivíduo ou produto especial é ser conhecido por um desses atributos. Marilyn Monroe era famosa por sua beleza. O creme dental Crest é conhecido por prevenir cáries. Marilyn provavelmente era dotada de grande inteligência, mas isso não tinha importância. O que a tornava especial era aquela beleza estonteante. O mesmo ocorre com a Crest, que tem tudo a ver com o combate às cáries. Seu sabor não é relevante.

Possuir atributos é provavelmente a maneira número um de diferenciar determinado produto ou serviço. Mas, cuidado, não podemos possuir o mesmo atributo ou posição do concorrente. Precisamos buscar outro.

Na maioria das vezes, a empresa tenta imitar o líder: "Eles devem saber o que funciona", diz a lógica, "portanto, façamos algo semelhante". Não é um bom raciocínio.

É muito melhor procurar um atributo oposto, que nos permita combater o líder. A palavra-chave aqui é *oposto* – semelhante não funciona.

Coca-Cola foi a primeira e, portanto, a opção dos mais velhos. A Pepsi posicionou-se com êxito como a opção da geração mais jovem.

O mundo do uísque é dominado por dois jotas, Jim Beam e Jack Daniel's. Assim, Maker's Mark optou por um atributo que torna seu menor volume de vendas mais atraente: "Personalizamos nosso uísque para produzir um sabor suave, agradável".

Como a Crest possuía a prevenção de cáries, outros cremes dentais a evitaram e escolheram outros atributos como sabor, capacidade de branqueamento, proteção do hálito.

Se você não é líder, sua marca tem de ter um foco limitado. Contudo, ainda mais importante, sua marca precisa ter visibilidade na categoria.

LIDERANÇA É UMA FORMA DE DIFERENCIAR

Liderança é a maneira mais poderosa de diferenciar a marca, pela razão de ser a forma mais direta de definir suas credenciais. E credenciais são os acessórios que usamos para garantir o desempenho da marca.

Além disso, quando temos credenciais de liderança, é provável que nosso cliente potencial acredite em quase tudo que dissermos sobre nossa marca (porque somos o líder). Os seres humanos costumam igualar "tamanho" a sucesso, *status* e liderança. Nós respeitamos e admiramos o maior.

A Posse de uma Categoria

Líderes poderosos podem apossar-se da marca que define a categoria. Somos capazes de testar a validade de uma alegação de liderança com um teste de associação de marcas.

Se os produtos forem *computador, copiadora, barra de chocolate* e *refrigerante*, as quatro empresas mais associadas são *IBM, Xerox, Hershey's* e *Coca-cola*.

Um líder perspicaz irá ainda mais longe para solidificar sua posição. A Heinz possui a palavra *ketchup*, mas a empresa isolou o atributo mais importante do produto. "O ketchup mais lento do oeste" é como a empresa apropriou-se do atributo textura. A posse da palavra *lento* ajuda a Heinz a manter participação de mercado igual a 50%.

Não Tenha Medo de Vangloriar-se

Apesar de todos os pontos anteriores sobre o poder de ser um líder reconhecido, continuamos a encontrar líderes que não querem falar sobre a liderança. Sua justificativa para evitar exigir o que é deles por direito é sempre a mesma: "Não gostamos de nos vangloriar".

Ora, um líder que não se vangloria é a melhor coisa que pode acontecer para os concorrentes. Ao chegar ao topo da montanha, é melhor fincar nossa bandeira e tirar algumas fotos.

Além disso, quase sempre podemos encontrar um jeito agradável de expressar a liderança. Nesse caso, um dos meus slogans preferidos é: "Investimentos Fidelidade: onde 12 milhões de investidores depositam sua confiança".

Se você não receber crédito por suas realizações, quem estiver atrás de você encontrará uma forma de reclamar o que é seu por direito.

O que as empresas não entendem é que a liderança se apresenta como uma plataforma maravilhosa que lhes permite contar a história de como conseguiram tornar-se a número um. Como dissemos anteriormente, as pessoas acreditarão em qualquer coisa que dissermos, se nos reconhecerem como líder.

Diversas Formas de Liderança

A liderança se reveste de muitos sabores, e cada um pode proporcionar uma forma eficaz de nos diferenciar. Aqui está uma amostra sucinta de várias maneiras de declarar liderança:

- *Liderança em vendas.* Em geral, a estratégia mais usada pelos líderes é proclamar que seus produtos vendem bem. O Toyota Camry é o carro mais vendido nos Estados Unidos. Mas outros podem alegar sua liderança de outra forma, contando vendas específicas. O Dodge Caravan, da Chrysler, é a minivan mais vendida. O Ford Explorer é o veículo utilitário número um. Essa abordagem funciona, pois as pessoas costumam comprar o que os outros compram.
- *Liderança em tecnologia.* Algumas empresas com longa história de inovações tecnológicas podem usar essa forma de liderança como diferencial. Na Áustria, o fabricante de raiom, Lenzing, não é o líder de vendas, mas é o "líder mundial em tecnologia

de fibra de viscose". A empresa foi a pioneira no implemento de muitas inovações que levaram ao aprimoramento do raiom.

- *Liderança em desempenho.* Certas empresas têm produtos que não vendem bem, mas, por outro lado, apresentam ótimo desempenho. Isso também pode ser usado como forma de se diferenciar dos concorrentes que não conseguem o mesmo nível de desempenho. Silicon Graphics é um exemplo. A empresa detém recursos tecnológicos para executar trabalhos visuais que possibilitam todos aqueles efeitos especiais criados em Hollywood, e ainda servidores de banda larga de alta potência que lidam com gráficos e dados melhor do que a maioria dos concorrentes. Em conseqüência, é a "líder mundial em computação de alto desempenho". Essa abordagem funciona porque as empresas com dinheiro quase sempre querem o melhor, mesmo não sendo necessário.

TER TRADIÇÃO É UMA IDÉIA DIFERENCIADA

No Capítulo 2, falamos sobre o fato de o cérebro ser inseguro. E qualquer estratégia para ajudar o indivíduo a superar essa insegurança é válida.

A tradição tem o poder de conferir destaque ao produto. Pode ser uma poderosa diferenciação, pois deve haver uma importância psicológica natural ligada à existência de uma longa história, o que faz as pessoas se sentirem seguras na hora de escolher.

Quando começamos a estudar por que isso acontece, presumimos que o fato de existir há muito tempo sugeria que a empresa sabia o que estava fazendo. As pessoas imaginavam que ela agia corretamente.

Mas, ao contrário de países como China e Japão, onde os mais velhos são extremamente respeitados, a cultura norte-americana costuma abominar a velhice. Todos querem ser jovens. Velho e sábio significam algo ultrapassado.

A Psicologia da Herança

Quando perguntamos à Dra. Carol Moog por que a herança é significativa, a psicóloga de consumidores fez as seguintes observações:

> *A importância psicológica da herança pode originar-se do poder de ser participante de uma linha contínua que nos conecta e nos vincula ao direito de estar vivo, a uma história que perpetuamos a partir do passado vivo, superando a morte e chegando à geração seguinte. O vínculo é com a imortalidade. Sem o sentido de herança, de ancestrais conhecidos, as pessoas ficam vulneráveis e sentem-se isoladas, abandonadas, emocionalmente cortadas e sem uma base. Eliminado o vínculo com o passado, é difícil acreditar em uma ligação com o futuro.*

Embora tudo isso seja bastante sério, outra maneira de analisar essa abordagem é reconhecer que lidar com uma empresa que existe há muito tempo também dá aos clientes potenciais a sensação de estarem lidando com um líder do setor. Se não for o maior do ramo, certamente é um líder em longevidade.

Não espanta que os profissionais de marketing apresentem tradição e cultura como forma de nos dizer por que essas empresas são especiais.

Apresentar a Tradição

Tradição nem sempre é suficiente, diz um escritor empresarial da Associated Press. “Empresas de todos os tipos passaram os últimos anos elaborando novas táticas de marketing que misturam a tradição, que conforta os clientes, ao progresso crucial, para o sucesso contínuo."

Wells Fargo Bank, que começou com o Pony Express e carruagens, retoma sua idéia original e a torna relevante com uma simples afirmação. "Rápido naquela época. Rápido agora." A diferença é que as carruagens de hoje viajam à velocidade da luz por meio de avançadas redes computadorizadas.

L.L. Bean incrementa seu catálogo, aparece on-line e introduz roupas femininas no mundo da moda – enquanto mantém cuidadosamente sua imagem de Nova Inglaterra. Diz um porta-voz da empresa: "Assumimos o clássico e o levamos a outra geração".

O sucesso contínuo da Tabasco, no setor de molho de pimenta, é um exemplo do equilíbrio entre honrar a tradição e visar o futuro.

Sua publicidade aborda temas tradicionais como baías pantanosas do Estado de Louisiana e pimenta envelhecida em barris de carvalho. Mas a empresa também se apresenta como atualizada e na moda, com gravatas Tabasco, festivais de culinária Cajun e novas bebidas, com um toque de Tabasco, que tiveram origem nos bares de ostras da zona rural de Louisiana.

Uma bebida muito conhecida é incêndio na planície, que combina uma dose de tequila com uma pitada de Tabasco.

"Há todos os tipos de malabarismos necessários em marketing", diz o presidente da empresa, Paul C. P. McIlhenny.

Tem razão. Ele equilibra o velho e o novo.

Tradição Familiar

Em um mundo onde o grande fica ainda maior, uma forma eficaz de se destacar do rebanho é manter seu negócio como empresa familiar. Embora os impostos e as gerações futuras nem sempre facilitem, a tradição familiar pode ser um conceito poderoso, se a família ficar unida.

As pessoas parecem demonstrar mais simpatia por uma empresa familiar do que por uma corporação fria, pública e impessoal, comandada por um bando de acionistas gananciosos. Os familiares talvez sejam gananciosos também, mas, como o que acontece na intimidade nunca é divulgado, sua ganância permanece atrás de portas fechadas.

Acredita-se que empresas familiares sejam mais envolvidas com seu produto do que com o valor das ações. Além disso, recebem maiores notas pelo envolvimento comunitário, já que os familiares costumam ser naturais da cidade onde a empresa foi fundada. Também descobrimos que empresas familiares costumam tratar os empregados como membros da família. Existe o sentimento de terem crescido juntos.

MOSTRAR COMO O PRODUTO É FEITO PODE SER UMA IDÉIA DIFERENCIADA

Empresas costumam trabalhar arduamente no desenvolvimento de novos produtos. Equipes de engenheiros, designers e fabricantes dedicam-se incansavelmente a produzir e testar o que consideram ser um produto especial que cumpre seu papel melhor do que qualquer outro no mercado.

Mas quase sempre todo esse trabalho não é reconhecido pelo pessoal de marketing, tão envolvido em suas atividades como publicidade, embalagem e promoção.

Acreditamos piamente que é fundamental analisar a fundo determinado produto, para descobrir exatamente como ele funciona.

Na maioria das vezes encontramos uma poderosa idéia diferenciada que foi esquecida.

O Ingrediente Mágico

Muitos produtos contam com determinada tecnologia que os fazem funcionar bem. Quase sempre, essa tecnologia é patenteada. Porém, os profissionais de marketing costumam ver esses elementos como excessivamente complexos ou confusos para explicar aos clientes. Eles preferem realizar pesquisas e focar nos benefícios ou no estilo de vida relacionado ao produto. Seu discurso favorito é assim: "As pessoas não querem saber como foi feito, mas sim o que o produto pode fazer por elas".

O problema desse ponto de vista é que, em muitas categorias, inúmeros produtos prestam o mesmo serviço aos consumidores. Todos os cremes dentais previnem cáries. Todos os carros novos andam muito bem. Todos os detergentes eliminam gordura. O que os torna especiais é como são feitos.

É por isso que gostamos de focar o produto e localizar aquela tecnologia especial. Depois, se possível, nomeamos o elemento que a compõe e, se pudermos embalá-lo como ingrediente mágico, melhor ainda.

Quando a Procter & Gamble introduziu o creme dental Crest com flúor, para prevenção de cáries, a campanha de publicidade fez questão de que todos soubessem que a pasta continha "flúor". Alguém entendeu o que era aquilo? Não. Teve alguma importância? Não. Apenas parecia impressionante.

Quando a Sony começou seu domínio na televisão, fez enorme estardalhaço com o tubo de imagem "Trinitron". Alguém sabia do que se tratava? Não. Teve alguma importância? Não. Apenas parecia impressionante.

A General Motors provavelmente tenha gasto mais de US$ 100 milhões promovendo o sistema Northstar usado em Cadillacs. Alguém sabe como esse motor funciona? Não. Tem alguma importância? Não. Apenas parece impressionante.

Ingredientes mágicos não precisam ser explicados porque são mágicos.

Fazendo da Maneira Correta

Na maioria das vezes, há uma forma errada e outra certa de se fazer determinado produto. A maneira errada (ou menos desejável) é geralmente introduzida como processo de redução de custos. Consultores gostam de chamá-la de "práticas para melhorar a fabricação" (tradução: cortar custos). A maneira correta absorve os custos mais altos, para gerar um produto melhor.

Se o setor estiver usando a maneira errada, é possível sobressair adotando a maneira certa. Foi o caso da Stanislaus Food Products. A empresa tornou-se a principal fornecedora de molho de tomate para um grande número de restaurantes italianos nos Estados Unidos. E conseguiu esse feito enquanto cobrava preços mais altos. A estratégia vencedora foi não seguir o setor, que produzia molho de tomate concentrado (de fabricação e distribuição mais baratas).

Dino Cortopassi, proprietário da empresa, considerou que embalar o produto fresco, sem submetê-lo ao processo de concentração, era o melhor método de fabricação. Gera custo maior, mas o molho tem melhor sabor.

Essa é sua diferença. E, para desespero de seus concorrentes, a maioria dos autênticos restaurantes italianos nos Estados Unidos concorda com ele.

À Moda Antiga

Uma história semelhante é a da Aron Streit Inc., a última empresa independente fabricante de *matzo*. (Para quem não sabe, *matzo* é o autêntico pão sem sal e sem fermento, que manteve vivos os israelitas durante a fuga do Egito.)

Embora a empresa tenha apenas uma pequena participação no mercado, dominado pela B. Manischewitz, o pessoal da Streit's Matzo sabe que *tradição* é o que distingue um *matzo* de outro. Apesar de adotar a moda da terceirização para muitos de seus produtos, Streit's ainda fabrica os *matzos* em Rivington Street, em Lower Manhattan – mesmo lugar onde começou a produzi-los em 1914.

Se visitarmos o *site* da Streit's, Streitsmatzos.com, constataremos que a empresa sabe que a diferença é tudo. Ela diz assim: "Por que a Streit's Matzo é diferente das outras marcas nacionais de *matzo*? Porque assa apenas Streit's Matzo em seus fornos."

Eles ainda fabricam o *matzo* à moda antiga.

SER "QUENTE" É OUTRA MANEIRA DE SE DIFERENCIAR

Se você é "quente", o mundo deve ser informado. Como vimos no Capítulo 2, as pessoas agem como ovelhas. Por isso adoram saber o que é "quente" e o que não é. Por isso também o boca-a-boca tem uma força tão poderosa em marketing. Geralmente consiste de um indivíduo contando a outro o que é "quente". Isso é importante, pois, embora os Estados Unidos adorem os oprimidos, as pessoas apostam nos vencedores.

Medo de Vangloriar-se

Infelizmente, muitas empresas são tímidas na hora de divulgar ao mundo seu sucesso. Dizem que se vangloriar não é bom, que é inconveniente e desagradável, demonstra maus modos. Mas o que realmente existe por trás dessa relutância é o medo de não serem "quentes" para sempre. E depois? Não ficarão constrangidas?

O que estou tentando explicar é que fazer uma empresa ou produto decolar é como lançar um satélite. Geralmente só precisamos do impulso inicial para entrar em órbita. O depois é outra história.

Ser "quente" ou vivenciar um crescimento de vendas além daquele obtido pelos concorrentes pode dar o impulso necessário para que nossa marca ganhe altitude. Uma vez no alto, poderemos pensar em como mantê-la lá em cima.

Muitas Maneiras de Ser "Quente"

Quando usamos uma estratégia de "ser quente", temos a oportunidade de definir por que somos "quentes". Muitos não entendem que existem inúmeras maneiras de estruturar essa definição. Aqui está um resumo das formas mais conhecidas:

- *Vendas.* A abordagem mais freqüentemente usada é comparar suas vendas às dos concorrentes. Mas não pense que você tem de comparar as vendas *anuais.* Podemos usar qualquer período de tempo: 6 meses, 2 anos, 5 anos. O tempo que escolhemos para medir é aquele que melhor se adapta à nossa realidade. Lembre-se de que somos livres para escolher os parâmetros. Além disso, não precisamos nos comparar aos concorrentes. Podemos nos comparar a nós mesmos.

- *Classificações do setor.* A maioria dos setores tem classificações anuais para o desempenho. Elas podem ser administradas por revistas especializadas como *Restaurant News* ou revistas de consumidores como *U.S. News & World Report*, ou organizações como a J. D. Powers. Se você ganhar uma classificação de qualquer um deles, use-a com a máxima agressividade possível.
- *Experts do setor.* Alguns setores têm especialistas ou críticos que sempre são citados ou que escrevem colunas lidas por muitos. Trata-se de um recurso particularmente válido no mundo high-tech, onde temos Esther Tyson e o Gartner Group, por exemplo. Às vezes podemos usar suas citações ou artigos para definir nosso sucesso. Hollywood usa tal mecanismo para definir um filme "quente", assim como as editoras fazem com os livros.

A Imprensa Pode Torná-lo "Quente"

Embora seja útil falar de nosso sucesso, é ainda melhor quando outra pessoa faz isso por nós. Assim, um programa agressivo de relações públicas pode render lucros e dividendos.

Está em jogo o fato de que credenciais de "terceiros" são muito poderosas. Se o terceiro é seu vizinho, ou jornal local, as pessoas acham que são fontes imparciais. Portanto, quando elas dizem que você é um sucesso, deve ser verdade.

Criar sucesso em relações públicas é como atirar uma pedra no lago. Os círculos começam pequenos, mas se espalham por toda a superfície da água. Começamos com os especialistas, passamos para os jornais de comércio e chegamos à imprensa empresarial e de consumo.

Mas, antes de falar com a imprensa, precisamos preparar nosso programa. Aqui estão todas as etapas.

Etapa 1: Fazer sentido no contexto. Argumentos nunca são elaborados no vácuo. Há sempre concorrentes por perto, tentando criar os próprios argumentos. Nossa mensagem tem de fazer sentido no contexto da categoria. Precisa começar com o que o mercado ouviu falar e registrou da concorrência.

Etapa 2: Encontrar a idéia diferenciada. Ser diferente é não ser igual. Ser especial é ser inigualável. Você está procurando algo que o diferencie dos concorrentes. O segredo é entender que sua diferença não precisa estar relacionada ao produto, mas deve oferecer benefício ao cliente.

Etapa 3: Ter as credenciais. Para construir um argumento lógico e estabelecer sua diferença, você precisa de credenciais que sustentem a idéia diferenciada, tornando-a real e verossímil.

Se seu produto apresenta uma diferença, você deve demonstrá-la. A demonstração, por sua vez, fornecerá as credenciais. Se você tem uma válvula à prova de vazamento, faça uma comparação direta com válvulas que vazam.

Reivindicações de diferença, sem comprovação, não passam de reivindicações.

Etapa 4: Comunicar a diferença. Não podemos manter oculta nossa diferença.

Se construirmos um produto diferenciado, o mundo não baterá automaticamente à nossa porta. Os melhores produtos não vencem. As melhores percepções costumam ser as vencedoras. A verdade não virá à tona, a menos que receba ajuda.

Todos os aspectos de sua comunicação devem refletir sua diferença:

- A publicidade
- Os folhetos
- O site Web
- As apresentações de vendas

RESUMO

Se você não tem um diferencial, é melhor ter preço baixo.

4

A ESTRATÉGIA É A CONCORRÊNCIA

Como acabamos de ver no Capítulo 3, começamos o planejamento estratégico tendo em mente os concorrentes. Quais são seus pontos fortes? Quais os pontos fracos? A razão para começarmos assim é porque, hoje, já não importa a reengenharia ou a melhoria contínua. O mundo empresarial é uma *guerra*. Nada tem a ver com melhores produtos ou melhores empregados.

A ILUSÃO DOS "MELHORES EMPREGADOS"

É muito fácil convencer nossa equipe de que melhores empregados prevalecerão, em todas as situações. É o que eles desejam ouvir. E, certamente, em uma guerra de marketing, a qualidade é um fator, assim como a quantidade.

Sim, mas a superioridade da força é uma vantagem tão esmagadora que supera a maioria das diferenças de qualidade.

Não temos nenhuma dúvida de que o time mais fraco do campeonato poderia vencer o melhor, se pudesse colocar em campo 12 homens contra os 11 do rival.

No mundo dos negócios, onde as equipes são muito maiores, é extremamente difícil alcançar uma diferença de qualidade.

O gerente de raciocínio claro não confundirá a preleção, em uma reunião de vendas, com a realidade da área de marketing. Um bom general nunca elabora estratégia militar baseando-se no fato de ter melhores soldados, e um general empresarial também não deve agir assim.

Diga aos empregados como eles são bons, mas não planeje vencer a batalha com empregados superiores.

Pense em vencê-la com uma estratégia superior.

Muitas empresas prendem-se profundamente à estratégia dos melhores empregados. Estão convencidas de que podem recrutar e contratar funcionários substancialmente melhores do que a concorrência, e que seus excelentes programas de treinamento podem ajudá-las a manter essa vantagem de "pessoal".

Qualquer estudante de estatística ri dessa crença. Claro, é possível reunir um pequeno grupo de empregados superiores. Mas, quanto maior a empresa, maior a probabilidade de que o empregado médio seja médio.

E quando o assunto é megaempresas, a possibilidade de reunir uma equipe intelectualmente superior torna-se quase nula, estatisticamente falando.

A ILUSÃO DO "MELHOR PRODUTO"

Outra ilusão arraigada na mente da maioria dos gerentes é a crença de que o melhor produto vencerá a batalha de marketing.

Por trás do raciocínio de muitos gerentes de marketing está a idéia de que "a verdade virá à tona".

Ou seja, se você tem os "fatos" a seu favor, basta encontrar uma boa agência de publicidade que possa comunicá-los ao cliente potencial, e montar uma força de vendas capaz de fechar os negócios.

Denominamos essa abordagem de *raciocínio pelo avesso* – o sonho de que, de alguma forma, a agência de publicidade ou a força de vendas pode pegar a verdade, segundo a empresa, e usá-la para esclarecer as concepções errôneas que habitam a mente do cliente potencial.

Não se deixe enganar. Concepções errôneas não podem ser facilmente alteradas por publicidade ou força de vendas.

Qual é a verdade? Existe uma pequena caixa-preta dentro de cada ser humano. Quando ele é exposto à nossa publicidade ou vendas, simplesmente olha dentro da caixa e diz "Isso é certo" ou "Isso é errado".

A coisa mais extravagante que podemos fazer em marketing, hoje, é tentar mudar a mente humana. Depois que ela se decide, a tarefa é quase impossível.

Qual é a verdade? Verdade é a percepção que está no cérebro do cliente potencial. Pode não ser a nossa verdade, mas é a única com a qual podemos trabalhar. Temos de aceitá-la e lidar com ela.

SE VOCÊ É TÃO INTELIGENTE, POR QUE NÃO ESTÁ RICO?

Mesmo que você consiga convencer o cliente potencial de que tem um produto melhor, ele logo pensará: "Ei, se seu computador é melhor que o da IBM, por que sua empresa não é líder, como ela?"

Até se você conseguir ter acesso a algumas caixas-pretas, seus proprietários logo permitirão que a maioria imparcial mude a opinião deles.

Se você é tão inteligente, por que não está rico? É uma pergunta difícil de responder. Não podemos vencer uma guerra de marketing apenas porque estamos certos.

Obviamente, existe a ilusão de que, com o tempo, o melhor produto vencerá. Mas a história, militar e do marketing, é escrita pelos vencedores, não pelos derrotados.

O poder está certo. Os vencedores têm o melhor produto e sempre estarão dispostos a afirmá-lo.

A GUERRA DO MARKETING

Al Ries e eu apresentamos essa observação pela primeira vez há mais de 25 anos em um livro intitulado *Marketing de Guerra.* Esse livro foi publicado na Idade Média da concorrência. Uma década atrás, o termo *economia global* não era muito mencionado. A grande variedade de tecnologia que temos agora surgia apenas como um brilho nos olhos de alguns engenheiros do Vale do Silício. O comércio global estava restrito a meia dúzia de empresas multinacionais.

Ao entrarmos no novo milênio, das 100 maiores economias mundiais, 51 não eram países, mas corporações. As 500 maiores eram responsáveis por surpreendentes 70% do comércio mundial.

A situação atual faz com que aquele mercado sobre o qual escrevemos se pareça a um chá beneficente. As guerras comerciais aumentam e eclodem em todas as partes do mundo. Todos estão de olho nos negócios alheios, em todo lugar.

Isso significa que os princípios do *Marketing de Guerra* são agora mais importantes do que nunca. As empresas precisam aprender a lidar com os concorrentes – como evitar seus pontos fortes e explorar os pontos fracos. Elas precisam aprender que não é uma questão de fazer ou morrer. É uma questão de fazer o outro morrer pela empresa dele.

UMA MUDANÇA DE FILOSOFIA

A definição clássica de *marketing* nos leva a crer que marketing tem a ver com satisfazer as necessidades e os desejos do consumidor.

Marketing é "a atividade humana direcionada a satisfazer necessidades e desejos por meio de processos de troca", diz Philip Kotler, da Northwestern University.

Marketing é "o desempenho daquelas atividades que buscam realizar os objetivos de uma empresa, ao prever as necessidades do cliente ou consumidor e direcionar um fluxo, do produtor ao consumidor ou cliente, de bens e serviços que as satisfaçam", diz E. Jerome McCarthy, da Michigan State University.

Os profissionais de marketing tradicionalmente são voltados para o consumidor. Inúmeras vezes alertam a gerência para voltar-se ao consumidor e não ao produto.

Desde a Segunda Guerra Mundial, o rei cliente prevalece supremo no mundo do marketing.

Mas começamos a ter a impressão de que o rei cliente está morto. E os profissionais de marketing andam vendendo um cadáver à alta gerência.

Isso acontece porque hoje toda empresa é voltada para o consumidor. Saber o que ele deseja não é muito útil, se uma dúzia de outras empresas já o está atendendo. O problema da General Motors não é o cliente, mas, sim, a Ford, a Chrysler e os importados.

TORNAR-SE VOLTADO PARA O CONCORRENTE

Para ser bem-sucedida, uma empresa precisa voltar-se para o concorrente. Ela deve procurar pontos fracos nas posições dos concorrentes e, depois, lançar ataques de marketing contra eles.

Existem aqueles para quem um plano de marketing bem elaborado sempre inclui uma seção sobre a concorrência. Isso é verdade. Geralmente no final do plano, em uma seção denominada "Avaliação Competitiva". A parte principal do plano normalmente apresenta os detalhes do mercado, seus diversos segmentos, e uma miríade de estatísticas de pesquisas de consumo cuidadosamente retiradas de intermináveis grupos de discussão, grupos de testes e testes de marketing e conceito.

No plano de marketing do futuro, muito mais páginas serão dedicadas à concorrência. Esse plano analisará minuciosamente cada participante do mercado, desenvolvendo uma lista de pontos competitivos fortes e fracos, como também um curso de ação para explorá-los ou defender-se deles.

Talvez até mesmo chegue o dia em que esse plano conterá um dossiê dos principais profissionais de marketing de cada concorrente, incluindo suas táticas preferidas e estilo de operação (como os documentos que os alemães mantinham sobre os comandos aliados na Segunda Guerra Mundial).

O que tudo isso prognostica para os profissionais de marketing do futuro?

Eles terão de estar preparados para empreender guerras de marketing. Cada vez mais, campanhas de marketing bem-sucedidas exigirão ser planejadas como campanhas militares.

O planejamento estratégico tornar-se-á cada vez mais importante. As empresas terão de aprender a *atacar* e *flanquear* a concorrência, *defender* suas posições, e saber como e quando engajar-se em táticas de *guerrilha*. Precisarão de melhor inteligência para prever as manobras da concorrência.

A questão é buscar a estratégia competitiva correta, entender os quatro tipos de táticas de guerra de marketing mostradas no diagrama a seguir, denominado "o quadrado estratégico", e descobrir o que se aplica a cada situação.

Esses princípios constituem um modelo estratégico muito simples para a sobrevivência de uma empresa no século XXI. Vamos revisá-los e atualizá-los.

1. *Táticas defensivas de guerra é o que os líderes de mercado empreendem.*

   A liderança é reservada àquelas empresas cujos clientes as percebem como líder. (Não que fingem ser líder.)

O Quadrado Estratégico

Táticas defensivas de guerra	Táticas ofensivas de guerra
Táticas de guerra de flanquear	Táticas de guerrilha

Os líderes mais agressivos estão dispostos a atacar com novas idéias. Há muito tempo usamos a Gillette como exemplo clássico. A cada 2 ou 3 anos, ela substitui a lâmina existente por uma nova idéia. Tivemos barbeadores com duas lâminas (Atra), barbeadores que absorvem choque (Sensor), e agora temos barbeadores com três lâminas (Mach 3). Uma empresa em constante movimento tem pouquíssimos concorrentes.

Um líder agressivo sempre bloqueia as manobras competitivas. Quando a Bic introduziu a lâmina descartável, a Gillette rapidamente contra-atacou com o descartável de lâmina dupla (Good News). Ela domina essa categoria.

Tudo isso soma mais de 60% do mercado de lâminas. Trata-se de um líder.

2. *Táticas ofensivas de guerra são a estratégia para a empresa número dois ou três em determinada categoria.*

   O primeiro princípio é evitar o ponto forte que estabelece a posição do líder. O que desejamos é encontrar um ponto fraco e atacá-lo. Depois focamos todos os nossos esforços nele.

Nos últimos anos, a rede de pizza de crescimento mais rápido nos Estados Unidos tem sido a Papa John's Pizza. Papa John's atacou a Pizza Hut em seu ponto fraco, os ingredientes. John Schnatter, o fundador da empresa, colocou as mãos no melhor molho de tomate do país. Era um molho que as outras redes não podiam comprar. Essa realização tornou-se a base de seu conceito: "Melhores ingredientes. Melhor pizza".

Schnatter permanece intensamente focado no conceito de que usa os melhores ingredientes como queijo e recheios. Ele até mesmo filtra a água para obter massa melhor.

Segundo o *Wall Street Journal,* "Papa John's está a mil por hora". Não é o tipo de notícia que a Pizza Hut gosta de ouvir.

Uma das melhores maneiras de atacar um líder é com tecnologia de nova geração.

Na terra da fabricação de papel, os sistemas de controle de qualidade transformaram-se em uma corrida alucinante entre a Measurex, atual líder, e a AccuRay (uma parte da Asea Brown Boveri), ex-líder em sistemas, que mensuram a uniformidade do papel produzido.

A AccuRay atacou a Measurex com uma nova geração de tecnologia de scanners eletrônicos que mensura toda a folha e não apenas algumas partes dela. Essa nova arma chama-se Hyper Scan Full Sheet Imaging e promete uma mensuração, no controle de qualidade, que a Measurex não consegue atingir. Essa idéia funcionará, pois a AccuRay tornou seu concorrente obsoleto.

3. *Participantes novos ou menores, que tentam obter uma posição segura em determinada categoria, evitando a batalha principal, buscam táticas de flanquear.*

Essa estratégia geralmente envolve a mudança para uma área incontestada e inclui o elemento surpresa. Quase sempre é uma idéia nova, como a pipoca do tipo *gourmet* (Orville Redenbacher) ou a mostarda Dijon (Grey Poupon).

Uma brilhante manobra de flanquear está a caminho no mundo do golfe. Enquanto outros focam em tacos longos com ponta larga, tacos com ponta de metal em forma de lâmina e tacos curtos para *putting*, Adams Golf entrou em uma área nunca contestada. (Ela fica na *fairway*[1], a cerca de 200 m do *green*.)

A manobra da Adam foi introduzir um modelo simples, patenteado como *fairway woods*[2], tacos perfeitos para aquelas *tight lies*[3]. O nome do produto, simples mas brilhante, diz tudo: Tight Lies Fairway Woods. Rapidamente esses tacos tornaram-se os *fairway woods* de maior crescimento nos Estados Unidos.

Quando um rapaz de 19 anos de idade chamado Michael Dell fundou sua pequena empresa de informática, ele sabia que não poderia competir, com as outras já estabelecidas, por um espaço nas lojas. A crença em vigor determinava que os clientes não confiariam em uma empresa que atendesse pedidos por correspondência para fornecer um item tão sofisticado.

Dell quebrou a regra. Ele flanqueou o setor com marketing direto e construiu uma empresa de US$ 800 milhões em 5 anos.

4. *Táticas de guerrilha quase sempre são adotadas por empresas de pequeno porte.*

O primeiro princípio é encontrar um mercado modesto, que possa ser defendido. É a estratégia do peixe grande no lago pequeno.

1 Distância entre a saída e chegada em um buraco. (N. do T.)
2 Série de tacos de golfe usados para arremessos longos. (N. do T.)
3 Posições difíceis em que param as bolas de golfe. (N. do T.)

Por mais bem-sucedido que você venha a ser, nunca aja, nesse caso, como líder, pois é isso que extermina empresas guerrilheiras bem-sucedidas. (Alguém se lembra da People's Express Airlines?)

Finalmente, precisamos estar preparados para cair fora sem aviso prévio. Pequenas empresas não podem se dar ao luxo de sofrer nenhuma perda. Esconda-se na selva, para que consiga sobreviver e lutar mais um dia.

Um dos casos mais interessantes de guerrilha está ocorrendo no Caribe. É ali que as guerras de turismo estão sendo empreendidas em todas as ilhas, grandes e pequenas.

Granada é uma das ilhas mais ao sul do Caribe. Famosa pela invasão ordenada pelo presidente Reagan, para expulsar alguns cubanos, Granada agora tenta obter uma participação no setor turístico.

Como entrou tarde no jogo, a ilha está intocada. Há poucas construções e nenhuma praia superdesenvolvida. Na verdade, não há nenhum prédio mais alto do que uma palmeira, o que permite a Granada desenvolver a estratégia de ser uma ilha intocada, ou "o Caribe como ele costumava ser".

É uma idéia justificável, pois todas as outras ilhas são desenvolvidas. Não há como elas se tornarem intocadas novamente.

Combatentes menores precisam ter consciência de que a selva pode tornar-se um lugar superpopuloso. Foi o caso dos microfabricantes envolvidos em guerrilhas bem-sucedidas no meio da guerra das cervejas.

Seduzidas pelo encantamento do consumidor por toda nova mistura, e com fácil acesso ao capital, as micros produziram mais de 4.000 marcas distintas. Com muitas guerrilhas em um mercado pequeno, os concorrentes acabam se matando indiscriminadamente. Foi exatamente o que aconteceu.

Após um crescimento meteórico, o setor de microfabricantes de cerveja ficou tão sem graça quanto a cerveja dos velhos tempos. Agora, a eliminação total de concorrentes está prestes a ocorrer.

Quem sobreviverá? Muitos executivos do setor especulam que entre os sobreviventes estará Sam Adams, a única micro com franquia totalmente norte-americana, e as antigas micros da Califórnia, Sierra Nevada e Anchor Steam.

TÁTICA E ESTRATÉGIA

Após anos de trabalho para algumas das maiores empresas norte-americanas, cheguei a uma conclusão revolucionária: a estratégia deve ser desenvolvida de baixo para cima, não ao contrário. Ou seja, ela deve ser conduzida a partir de um profundo conhecimento e do envolvimento com a tática real do próprio negócio.

Táticas devem determinar estratégias. Ou seja, a tática de comunicação deve determinar a estratégia de marketing.

A maioria dos profissionais de marketing acredita no oposto. A convicção geral é a de que a grande estratégia da organização deve ser estabelecida primeiro. A tática vem depois.

Isso ocorre porque a maioria dos gerentes é obcecada pelo que querem fazer. O que são planos em longo prazo, se não um esboço meticuloso de onde os gerentes desejam que a empresa esteja em 5 ou 10 anos?

Quando colocamos ênfase na estratégia, ou onde queremos estar no futuro, cometemos um dos dois pecados capitais do mundo dos negócios: (1) a recusa em aceitar o fracasso e (2) a relutância em explorar o sucesso. É o que podemos denominar *pensamento de cima para baixo.*

O melhor entendimento dessa realidade requer algumas novas definições, que Al Ries e eu apresentamos no livro *Bottom-Up Marketing.*

O Que É Tática?

Tática é uma idéia. Quando procuramos uma tática, estamos procurando uma idéia.

Mas o conceito de idéia é indefinido. Que tipo de idéia? *Onde* encontrá-la? Essas são as perguntas iniciais que precisam ser respondidas.

Para ajudá-lo a respondê-las, propomos usar a seguinte definição específica: *Uma tática é um ângulo mental competitivo.*

A tática requer um *ângulo competitivo* para ter chance de sucesso. Isso não significa necessariamente um produto ou serviço melhor, mas deve existir um elemento diferencial. Pode ser menor, maior, mais leve, mais pesado, mais barato ou mais caro. Pode ser um novo sistema de distribuição.

Além disso, a tática precisa ser competitiva no cenário geral do marketing, não apenas em relação a um ou dois produtos ou serviços.

Um *ângulo* mental competitivo é o ponto no cérebro que permite que o programa de marketing funcione. É o ponto que devemos alavancar para obter resultados.

Mas a tática não basta. Para completar o processo, é necessário transformá-la em estratégia. (Se a tática é o prego, a estratégia é o martelo.) Ambos são essenciais para definirmos uma posição na mente do consumidor.

O Que É Estratégia?

Uma estratégia não é uma meta. Como a própria vida, a estratégia, e não a meta, deve ser focada na jornada. Pensadores de cima para baixo são voltados para metas. Primeiro, determinam o que desejam atingir, e depois tentam encontrar meios de fazê-lo.

Mas a maioria das metas simplesmente não é viável. A fixação de metas costuma ser um exercício de frustração. O marketing, como a política, é a arte do possível.

Em nossa definição, uma estratégia não é uma meta. É uma *direção coerente de marketing.*

A estratégia é *coerente* quando é focada na tática escolhida.

A estratégia abrange atividades coerentes de *marketing.* Produto, formação de preços, distribuição, publicidade – todas as atividades que constituem o *mix* de marketing precisam ser coerentemente focadas na tática.

(Considere a tática como um determinado comprimento de onda de luz, e a estratégia como um laser alinhado a ela. Necessitamos de ambos para penetrar na mente do cliente potencial.)

Finalmente, a estratégia é uma *direção* coerente de marketing. Depois que a estratégia é definida, não devemos alterar a direção.

O objetivo da estratégia é mobilizar nossos recursos para que possamos nos apossar da tática. Ao comprometermos todos os nossos recursos em uma direção estratégica, maximizamos a exploração da tática sem a limitação que a existência da meta implica.

Em marketing, como na guerra, a estratégia mais segura é a exploração rápida da tática. O descanso é para os perdedores. Os vencedores mantêm a pressão.

TÁTICA *VERSUS* ESTRATÉGIA

A tática é um ângulo ou idéia única. A estratégia tem muitos elementos, todos focados na tática.

A tática é um ângulo especial ou exclusivo. A estratégia pode muito bem ser mundana.

A tática independe do tempo e é relativamente constante. A estratégia desdobra-se durante determinado período de tempo. Uma liquidação é uma tática usada de vez em quando pela maioria dos varejistas nos Estados Unidos. Uma loja que promove liquidação todos os dias é uma loja de descontos, que usa uma estratégia.

A tática é uma vantagem competitiva. A estratégia é projetada para manter essa vantagem competitiva.

A tática é externa ao produto, serviço ou empresa. Talvez nem seja um produto fabricado pela empresa. A estratégia é interna. (Geralmente as estratégias requerem muita reorganização interna.)

A tática é voltada para a comunicação. A estratégia é voltada para o produto, serviço ou empresa.

O princípio do marketing de baixo para cima é simples: trabalhamos do específico para o geral, do curto para o longo prazo.

Observe, também, a implicação singular do marketing de baixo para cima. Encontre uma tática que funcione, e depois insira-a em uma estratégia. Encontre uma tática, não duas, três ou quatro.

De maneira geral, a tática deve ser algo que dominamos com muito mais habilidade que os concorrentes. Na Segunda Guerra Mundial, o general George S. Patton tinha muita habilidade com tanques de guerra. Era sua tática. Herb Kelleher, da Southwest Airlines, era muito habilidoso em viagens aéreas de curta duração, o que leva à especialização.

RESUMO

**Conheça seus concorrentes.
Evite seus pontos fortes e
explore os pontos fracos.**

5

A ESTRATÉGIA É A ESPECIALIZAÇÃO

Se o mundo dos negócios é uma guerra, a maneira de sobreviver e prosperar consiste em ser melhor do que os concorrentes em determinado aspecto. Não importa se somos grandes ou pequenos; a estratégia escolhida deve girar em torno do que se convencionou chamar *competência essencial (core competency)*. Por que ela é tão importante?

Porque as pessoas ficam impressionadas com aqueles que se concentram em determinada atividade ou produto, e os reconhecem como *experts*. Em conseqüência, costumam dar-lhes crédito por conhecimentos e experiência muito mais do que às vezes eles merecem. Não causa surpresa, se considerarmos a definição de *expert:* "indivíduo que passou por muito treinamento e adquiriu amplos conhecimentos em determinada área".

Por outro lado, o generalista raramente é reconhecido por seus conhecimentos gerais, que abrangem diversas áreas, por melhor que ele seja. O bom senso diz ao cliente potencial que uma única pessoa ou empresa não pode ser *expert* em tudo.

UMA LIÇÃO APRENDIDA

Muitos anos atrás, na General Electric, aprendi o poder do especialista em relação ao generalista.

Na época, a GE estava lançando o conceito *turnkey*. O conceito era simples. O pessoal da GE iria até uma empresa de prestação de serviços elétricos para demonstrar sua capacidade de montar todas as peças. Ao final do processo, dariam à empresa as chaves para completar a fabricação (um conceito de one-stop shopping.)

Bela idéia, certo? Errado.

As empresas de prestação de serviços elétricos agradeceram: "Muito obrigadas. Nós lhes daremos o contrato para os geradores turbinados; outros especialistas ficarão com os contratos relativos aos controles, aparelhamento de comandos elétricos etc."

Embora se tratasse da General Electric, a inventora da eletricidade, as empresas de prestação de serviços elétricos queriam o melhor da categoria: os especialistas.

OUTRA LIÇÃO APRENDIDA

Ora, pensou a GE, aqueles caras acham que sabem tudo. Vamos oferecer à dona-de-casa uma "cozinha completa".

Foi o mesmo fiasco. As donas-de-casa também agradeceram: "Muito obrigadas. Ficamos com sua geladeira, mas preferimos a lava-louça KitchenAid, a lavadora Maytag etc."

Embora se tratasse da General Electric, a deusa dos eletrodomésticos, a dona-de-casa preferiu o que considerava melhor.

Generalistas como a GE, embora com nomes respeitáveis, são fracos no mercado.

Consideremos um grande nome do setor alimentício, a Kraft. Quando comparada a marcas especializadas, nada de bom acontece. Na maionese, a Hellmann's ganha. Em geléias, a Smucker's arrasa. Na mostarda, a French's aniquila. No iogurte, a Dannon destrói.

Felizmente, para a Kraft, ela possui algumas marcas especializadas. Na verdade, seu maior trunfo, pouquíssimas pessoas reconhecem como produto Kraft. É o queijo cremoso Philadelphia. Embora o nome "Kraft" esteja na embalagem, ninguém vê. Para a maioria, trata-se apenas de um daqueles pequenos fabricantes de queijo da Filadélfia.

O MESMO É VÁLIDO PARA O VAREJO

Consideremos o setor varejista. Quais varejistas estão em dificuldade atualmente? As lojas de departamentos. E o que é uma loja de departamentos? Um lugar que vende tudo. Essa é a receita para o desastre, pois é muito difícil diferenciar um lugar "que vende tudo".

Campeau, L.J. Hooker e Gimbel's acabaram falidos. As lojas de departamentos Hills também foram à falência. Macy's, a maior loja do mundo, decretou falência. E, embora algumas delas tenham saído ilesas, a ocorrência indica que o mundo está se tornando difícil para esse tipo de loja.

A Interstate Department Stores foi outra que faliu. Então a empresa verificou os livros contábeis e decidiu focar no único item que lhe dava lucro: brinquedos. Coerentemente, resolveu mudar seu nome para Toys "R" Us. Hoje, responde por 17% do setor varejista de brinquedos nos Estados Unidos.

Muitas redes varejistas estão adotando, com êxito, a fórmula da Toys "R" Us: um foco intenso em estoque detalhado. A Staples e a Blockbuster Video são exemplos.

Em geral, no varejo, os grandes sucessos são os especialistas:

- *The Limited.* Roupas sofisticadas para mulheres que trabalham fora.
- *The Gap.* Roupas casuais para os jovens de espírito.
- *Benetton.* Roupas de algodão e lã para jovens.
- *Victoria's Secret.* Lingerie sexy.
- *Foot Locker.* Calçados para atletas.
- *Banana Republic.* Trajes casuais sofisticados.

Quando uma rede de roupas com um nome como Banana Republic consegue se destacar, sabemos que estamos vivendo a era do especialista.

O CONTRAPONTO DO CRESCIMENTO

O economista Milton Friedman afirmou muito bem: "Não temos a necessidade desesperada de crescer. Temos o desejo desesperado de crescer". Todos nós observamos isso acontecer à medida que uma empresa após outra decidiu que maior era melhor. Agora estamos, obviamente, vendo que o tamanho traz muitos problemas. É mais difícil de gerenciar. Não há foco, e tudo se torna um jogo de números. A maior parte do marketing ruim é motivado por esse desejo, que por sua vez é motivado por Wall Street, motivado pela ganância. (Mais no Capítulo 8.)

O combate a tudo isso se dá com a *especialização*. É a maneira mais eficaz de competir com os concorrentes maiores, sem foco, do tipo faz-tudo. A razão: como mencionado anteriormente, os clientes acham que uma empresa não pode ser boa em tudo. E, quase sempre, querem comprar o melhor da categoria. Vejamos a situação difícil do setor de companhias aéreas. Apenas uma está ganhando dinheiro. É a Southwest Airlines, a especialista em viagens curtas, ponto a ponto. Nada de *hubs*, comida, lugares reservados, e apenas um tipo de avião.

A especialização faz alinhamento com o rumo que o mundo está tomando. Haverá marcas globais que obterão sucesso, e marcas altamente especializadas saindo-se muito bem em sua área de atuação. As empresas em dificuldade serão aquelas que ficarem no meio. Nem grandes o bastante para competir globalmente, nem flexíveis para enfrentar especialistas menores.

TORNAR-SE O *EXPERT*

O especialista tem a chance de fixar determinada área como diferencial.

No setor de consultoria ambiental, muitos participantes, grandes e pequenos, fazem muito bem a mesma coisa. Uma empresa de Boston, a ENSR, descobriu uma área especial de atuação: a diligência ambiental. Quando uma transação empresarial ou imobiliária internacional acontece, essa empresa oferece seus recursos globais para avaliar os aspectos ambientais do negócio. Essa especialidade, além de diferenciá-la dos concorrentes, prepara a empresa para voltar e solucionar os problemas que seu trabalho identificou.

O SONHO DE UM EDITOR

A menos que você seja viciado em automóveis, provavelmente nunca tenha ouvido falar de uma revista mensal chamada *Hemmings Motor News*. Mas talvez ela seja o sucesso máximo do setor editorial, em que a especialização em determinada área é o cálice sagrado.

A *Hemmings* vende 265.000 exemplares por mês, com renda bruta de US$ 20 milhões por ano. Uma edição comum tem 800 páginas com 20.000 anúncios que oferecem de tudo, desde um suporte de volante para o Model T Ford (seu por US$ 55) até um modelo Rolls-Royce Henley, de 1932 (uma pechincha de US$ 650.000).

A parte principal da revista consiste de pequenos anúncios classificados, em branco e preto, pagos com antecedência com cheque ou cartão de crédito. O conteúdo editorial é insignificante. O departamento de vendas é insignificante.

Terry Ehrich, o proprietário de uma das grandes galinhas dos ovos de ouro do mundo editorial, diz que a revista depende do interesse proporcionado pelos veículos reformados e pelas coleções de carros.

"Sou apenas um jóquei medíocre sobre um cavalo fantástico", avalia. Um cavalo que, por acaso, é uma tremenda idéia especializada.

TORNAR-SE GENÉRICO

A melhor arma para o especialista é tornar-se genérico. Assim, a marca passa a representar o produto e a categoria.

Gatorade é um especialista poderosíssimo que alcançou esse nível em bebidas para esportistas.

Embora não seja fácil tornar-se uma Xerox em copiadoras ou uma Scotch em fitas adesivas, o especialista tem a chance de levar sua marca ao nível máximo de sucesso.

Um dos meus especialistas genéricos preferidos é a Martin-Baker Aircraft Company, de Highes Denham, Inglaterra. Empresa familiar, com apenas mil empregados, é pioneira na fabricação de assentos ejetores para aviões a jato militares.

Quase todo avião de combate tem esses assentos de alta tecnologia que livram seu ocupante em casos de emergência. Custam até US$ 150.000 a unidade, e a Martin-Baker já produziu acima de 70.000, mais de três vezes a produção do rival mais próximo.

Passei alguns anos na aviação naval. Aquele assento é sempre chamado de *Martin-Baker.*

OUTROS ESPECIALISTAS PEQUENOS

Embora muita gente leia a respeito de ícones com problemas e sobre as dificuldades da economia global para manter a participação de mercado, existem algumas empresas sobre as quais nunca lemos, e que estão indo muito bem, obrigado.

A *Landauer* fabrica protetores contra radiação, para quem trabalha com raios X. Ela obtém US$ 58 milhões em vendas, com renda líquida de 28%, representando 50% de participação no mercado. Sua estratégia de especialização: permanecer em um mercado pequeno, no qual as empresas maiores não se adaptam bem.

A *Zebra Technologies* fabrica impressoras térmicas para rótulos com código de barras. Ela atinge US$ 475 milhões em vendas, renda líquida de US$ 71 milhões e 35% de participação no mercado. Sua estratégia de especialização: desenvolver, em centenas de nichos industriais, uma rede de distribuição especial dificilmente identificada pelos concorrentes.

A *Aftermarket Technology* fabrica transmissões para veículos. Obtém US$ 415 milhões em vendas e tem 72% de participação no mercado de transmissões instaladas por concessionárias nos carros produzidos pelas três grandes montadoras dos Estados Unidos. Sua estratégia: manter a especialização.

Existem muitas guerrilhas pequenas, mas satisfeitas, espalhadas por aí.

ESPECIALISTAS GRANDES

Na maioria das vezes, os especialistas são grandes empresas disfarçadas. As pessoas não percebem que elas são especialistas. Aqui estão três exemplos.

3M Company é uma empresa de US$ 16 bilhões, que gosta de falar sobre seus milhares de produtos inovadores. Na minha opinião, o que comanda essa empresa é sua especialização básica, que consiste em juntar objetos com adesivos e prendedores. Ninguém faz isso melhor do que ela. Seus outros produtos, como sistemas de retroprojetores, implantes de mama de silicone, armazenamento de dados, fitas de vídeo e de áudio, copiadoras e equipamentos para cirurgia cardíaca, todos se revelaram perdedores e se acabaram. Suas especialidades, como o Post-It e a fita adesiva Scotch, continuam.

A *Gillette* é uma empresa de US$ 8 bilhões, a Godzilla das lâminas de barbear, com uma participação mundial superior a 60%. Essa é sua especialidade. Embora também seja proprietária das pilhas Duracell, dos eletrodomésticos Braun e dos produtos odontológicos Oral-B, esses na verdade são apenas coadjuvantes em relação ao seu negócio básico, o barbear. A Gillette vendeu o segmento voltado para o tratamento capilar, assim como os produtos de papelaria, e deve abandonar qualquer coisa que não nos dê um barbear perfeito.

Otis é o fabricante mundial número um de elevadores, com mais de 1 milhão em serviço em todo o mundo. É também a divisão mais bem-sucedida da United Technologies, que indica uma estratégia interessante. Se você quer ser muito grande, faça como a United Technologies. Seja proprietário de várias empresas especialistas, como a especialista em condicionadores de ar (Carrier), a especialista em helicópteros (Sikorsky), a especialista em motor a jato (Pratt & Whitney) e a especialista em eletrônica de defesa (Norden). A United Technologies é uma enorme corporação de especialistas múltiplas, que se sai muito bem no mundo todo.

AGORA AS MÁS NOTÍCIAS

Um especialista bem-sucedido tem de permanecer especializado. Não podemos perseguir outros negócios, pois começaremos a desgastar a percepção que os clientes potenciais têm de sermos um especialista.

Cirurgiões cardiovasculares sabem disso instintivamente. Eles não fazem cirurgia no joelho apenas porque é um bom negócio.

Os profissionais de marketing, em sua maioria, não gostam de ficar presos a uma empresa ou especialidade. Querem atacar em várias frentes, o máximo possível. Só não percebem que, quando resolvem ser outra coisa, abrem a porta para alguma empresa tornar-se especialista. Heinz era especialista em picles, depois virou fabricante de *ketchup*. Agora está praticamente fora do negócio de picles, dominado pela Vlasic e Mt. Olive.

No mercado norte-americano, a Volkswagen era especialista em carros pequenos. Depois, partiu para os grandes, velozes e recreativos. Hoje, japoneses e norte-americanos dominam esse negócio.

Scott era a marca número um de papel higiênico nos Estados Unidos. Diversificou-se para diversos produtos de papel. Agora, a Charmin é a líder.

CUIDADO COM O *HOBBY* DO CEO

Magna International é um especialista, principal fornecedor de peças para as principais montadoras do mundo. Tem clientes como Chrysler, Ford, Jeep, Dodge, Chevrolet, Mercedes e Cadillac. Suas vendas são em torno de US$ 6 bilhões por ano. Está na vanguarda da tendência no setor automotivo. Entrega peças cada vez maiores e mais complexas, como sistemas inteiros de assentos.

Mas o presidente do Conselho da empresa, Frank Stronach, é fanático por corrida de cavalos e possui centenas desses animais. Portanto, não foi nenhuma surpresa quando a empresa, subitamente, começou a escolher alguns ativos não essenciais (*noncore assets*), como, por exemplo, a pista de corridas Santa Anita, na Califórnia. (Sem dúvida, uma especialidade diferente, em dose cavalar.) Outras pistas estão sendo consideradas.

Ele quer passar de peças automotivas para pistas de corrida e operações de apostas esportivas. Ora, não é de espantar que muitos acionistas estejam descontentes.

Minha aposta: problemas.

DIGA A VERDADE

Não suponha que todos saibam quem é o especialista na categoria. Um dos meus conselhos é: posicione-se como "o especialista em (seja lá o que for)".

As pessoas querem saber quem é o especialista em determinado negócio. É só o que sua empresa faz? Deixe isso bem claro.

Foi o caso da Subaru, uma montadora japonesa que estava com problemas. Quando George Muller assumiu sua presidência, em 1993, perguntou: "Qual a nossa especialidade?" e "Qual o nosso papel?" A resposta foi tecnologia de tração nas quatro rodas.

Naquele exato momento, ele decidiu focar aquela especialidade e, segundo ele, "Nós nos comprometemos a vender apenas tecnologia de tração nas quatro rodas, para nos diferenciarmos da Toyota e da Honda".

Em sua publicidade, a Subaru orgulhosamente anuncia que não fabrica carros, é especializada em veículos com tração nas quatro rodas. Tal manobra mudou o rumo de uma montadora que se assemelhava aos concorrentes e se dirigia para uma queda brutal nas vendas. (Já haviam caído 60% em relação ao ponto máximo.) A empresa sobreviveu porque usou a especialidade para se diferenciar.

Você notará que ainda não publiquei um livro sobre especialização. Espere um pouco. Algum dia você verá o título *Specialize to Survive*. Até lá, este capítulo terá de dar conta do recado.

RESUMO

É melhor ser excepcional em uma coisa do que bom em muitas.

6

A ESTRATÉGIA É A SIMPLICIDADE

Estratégias complexas, como planos bélicos complicados, geralmente são fadadas ao fracasso. Existem inúmeras idéias que podem dar errado. O cálice sagrado é a simplicidade. Mas aqui mora o problema: a maioria das pessoas admira a complexidade e não confia em coisas simples. O simples não atrai a imaginação. Dediquei muito tempo a esse assunto, quando ajudei a escrever *O Poder da Simplicidade*.

EM BUSCA DO ÓBVIO

O antídoto para o medo de idéias simples chama-se bom senso. Infelizmente, as pessoas quase sempre deixam o bom senso de lado na hora de trabalhar.

Segundo Henry Mintzberg, professor de Administração da McGill University, "A gerência é um fenômeno curioso. É generosamente remunerada, extremamente influente e significativamente desprovida de bom senso".

Bom senso é a lógica compartilhada por todos, algo que a registra como verdade óbvia para determinada comunidade.

Idéias simples costumam ser óbvias porque contêm uma pitada de verdade. Mas não confiamos em nossos instintos. Achamos melhor introduzir algum conteúdo oculto, mais complexo. Errado. O que é óbvio para nós revela-se assim para muitos. Por isso um conteúdo óbvio geralmente funciona tão bem no mercado.

Se procurarmos a definição de *bom senso,* descobriremos que é uma opinião natural, livre de distorção emocional ou sutileza intelectual. Além disso, não depende de conhecimentos técnicos especiais.

Em outras palavras, estamos vendo as coisas como realmente são. Estamos seguindo as regras da lógica pura, eliminando de nossa decisão tanto o sentimento quanto o egoísmo. Nada poderia ser mais simples.

UMA OBSERVAÇÃO POPULAR

Consideremos este contexto. Se perguntássemos a 10 pessoas se um Cadillac venderia bem, caso tivesse a mesma aparência de um Chevrolet, quase todas diriam: "Não muito".

Essas pessoas estão usando nada mais do que o bom senso para dar sua opinião. Não dispõem de dados, nem de pesquisas que comprovem sua conclusão. Além disso, não têm conhecimentos técnicos, nem sutileza intelectual. Para elas, um Cadillac é um carro grande e caro, e um Chevrolet é um carro menor, mais barato. Elas estão vendo a situação real.

Mas, na General Motors, em vez de verem o mundo como ele é, os responsáveis pela empresa preferem vê-lo como querem que seja. Ignoram o bom senso – e assim nasceu Cimarron. Obviamente, não vendeu muito bem. (E estamos sendo delicados.)

Será que aprenderam a lição? Pelo jeito, não. A GM voltou com o Catera, outro Cadillac com aparência de Chevrolet. Como seu antecessor, ele não vendeu muito bem, pois não fazia sentido. Nós sabemos. A GM não quer saber.

Leonardo da Vinci viu a mente humana como um laboratório que reúne a percepção dos olhos, ouvidos e outros órgãos dos sentidos – percepção canalizada pelo órgão do bom senso. Ou seja, o bom senso é um tipo de supersentido no qual muitos, no mundo dos negócios, se recusam a confiar.

Qualquer um, familiarizado com o mundo do marketing, sabe que, às vezes, as pessoas são muito irracionais. Atualmente, há uma infestação de veículos com tração nas quatro rodas projetados para transitar fora de estradas. Alguém dirige fora de uma estrada? Menos de 10%. As pessoas precisam desses veículos? Não. Por que os compram? Todo o mundo está comprando. O que isso tem de "racional"?

Agora alguns comentários sobre sutileza intelectual.

A estratégia de determinada empresa fracassa quando é dirigida por pesquisas sutis e argumentos sobre os rumos que o mundo está tomando. (Ninguém sabe exatamente, mas muitos acreditam que sabem.) Essas opiniões são cuidadosamente fabricadas e, em geral, misturadas a algumas suposições falsas disfarçadas de fatos.

AS PESQUISAS PODEM NOS CONFUNDIR

A pergunta que você está fazendo a si mesmo é: "Você não acredita em pesquisas?"

A resposta é sim e não.

Acredito em certos *tipos* de pesquisa. Além disso, procuro não me encantar com dados, nem deixar de confiar em meus instintos. Para ajudar a esclarecer minhas opiniões, voltemos à analogia militar que usei em *Marketing de Guerra.*

Os paralelos entre guerra e marketing são numerosos.

No mundo dos negócios, o terreno é o mercado. O inimigo é a concorrência. O objetivo é o cérebro do consumidor. As armas são a mídia.

Pesquisa É Inteligência

A coleta de inteligência é conhecida como *pesquisa.*

Bons cérebros militares geralmente suspeitam dos relatórios de inteligência que recebem. (E com razão.) Isso também acontece com muitos profissionais de marketing.

O famoso historiador militar Karl von Clausewitz explicou: "Grande parte das informações obtidas na guerra é contraditória, uma parte ainda maior é falsa e muito mais é de caráter duvidoso".

Ruim com elas, pior sem elas, você dirá.

Quaisquer que sejam suas falhas intrínsecas, a coleta de inteligência está continuamente ampliando seu campo de ação. Empresas como a GM, Kodak e Motorola estabeleceram unidades formais, para supervisionar o trabalho de inteligência. Outras empresas transformaram a "inteligência empresarial" e a "análise de concorrentes" em partes fundamentais de seu processo de planejamento estratégico.

As 50 principais organizações de pesquisa dos Estados Unidos gastam cerca de US$ 4 bilhões em busca de respostas, sendo que 38% chegam de fora do país.

Essa dedicação à inteligência cresce em proporção direta às pressões competitivas.

Um Paradoxo Fundamental

Isso ocorre provavelmente por causa de um paradoxo fundamental no comportamento humano. Quanto mais imprevisível o mundo se torna, mais buscamos as previsões e confiamos em suas determinações para o que devemos fazer. (O *California Management Review* esclareceu a questão recentemente em um artigo importantíssimo intitulado "Management & Magic".)

Foram-se os dias em que as empresas projetavam suas estratégias como se não existisse concorrência. Acabaram-se os planejadores estratégicos que analisavam números, defendiam modelos quantitativos, mas ignoravam os caras que estavam prontos para comer o almoço deles. (No final dos anos 90, quando o crescimento estagnou-se em muitos mercados e a concorrência aumentou, as estratégias grandiosas da época subitamente passaram a valer menos que o papel em que eram impressas.)

Então, o que o profissional de marketing pode fazer? Qual a melhor maneira de usar inteligência, para tomar decisões estratégicas seguras?

Aqui estão algumas sugestões.

NÃO SE DEIXE ENCANTAR PELOS DADOS

Em nossa sociedade superconectada, o problema é o excesso de dados brutos, e não o contrário. Nesse tipo de mundo, informação não é poder. Simplicidade, sim. O poder só se manifesta se soubermos separar o que é importante dentre bilhões de informações girando ao nosso redor. Simplicidade é a arte de esclarecer o complexo.

Uma das armadilhas do setor multibilionário de pesquisa de marketing é que os pesquisadores não são pagos pela simplicidade. Parece que são pagos por quilo.

A necessidade é filtrar o excesso de dados e focar as informações significantes. Geralmente, elas representam menos de 5% de todo nosso estoque de informações. É hora de contar uma história.

A cena: o escritório de um gerente de marca na Procter & Gamble. Meu problema era o que fazer com uma de suas maiores marcas. Arrisquei uma pergunta simples quanto à disponibilidade de pesquisas. Surpreendi-me com a resposta: "Temos um computador repleto de pesquisas. O que você quer? Na verdade, são tantas informações que não sabemos o que fazer com elas."

Nunca deveríamos permitir que uma enchente de dados levasse nosso bom senso e nossa percepção do mercado.

E lembre-se de que modismos podem ser mascarados como dados. Segundo uma estimativa de 1980, 5% de todos os lares nos Estados Unidos estariam ligados ao Videotext até 1985. Mas Videotext era o modismo que nunca foi. Knight-Ridder gastou US$ 60 milhões montando um serviço que nunca rendeu dinheiro e acabou abandonado. (Obviamente, o vencedor imprevisível foi a Internet, que realmente conectou todos nós ao texto.)

NÃO SE DEIXE ENCANTAR POR GRUPOS DE DISCUSSÃO

Grupos de discussão (também chamados grupos de foco) são uma das ferramentas de pesquisa mais conhecidas e erroneamente usadas no mundo empresarial. Permitir que salas repletas de estranhos com muito papo influenciem a estratégia de marketing pode ser desastroso.

Em primeiro lugar, o processo foi distorcido. Você já se perguntou de onde vem a palavra *foco*? O conceito surgiu nos anos 60 como proposta de focar melhor a pesquisa em determinado assunto. Isso mesmo, apenas o primeiro passo.

Atualmente, muitas empresas nunca aproveitam a pesquisa quantitativa, baseada em amostra verdadeira de público-alvo. Preferem as opiniões desses pequenos grupos de pessoas.

Em segundo lugar, o processo transforma espectadores comuns (ou "telespectadores") em especialistas na área de marketing.

O indivíduo médio não pensa profundamente sobre nada além de dinheiro, sexo, fofocas e peso corporal. Na verdade, ele não *pensa* em creme dental por 10 minutos em toda sua vida. Por que o faria durante 2 horas em um grupo de discussão? Mesmo assim, pedimos a pessoas com essas características que formem opiniões, uma tarefa que vai além de seu processamento mental normal.

Nós as transformamos em gerentes de marketing por um dia. Elas adorarão nos dizer como administrar nossa empresa. A questão é: devemos *permitir* que o façam?

Grupos de Discussão São um Barril de Pólvora

Eles podem explodir e nos arremessar na direção errada.

Pergunte às mulheres de um grupo sobre produtos de beleza, e certamente elas negarão qualquer envolvimento emocional. Elas nos dirão o que acham que queremos ouvir. Acontece a mesma coisa com homens e automóveis.

Peça uma crítica às estratégias ou à publicidade de sua empresa, e as pessoas enfatizarão suas motivações, necessidades e conhecimentos.

Grupos de discussão atuam como termômetros teimosos do comportamento. Quando uma grande empresa de produtos alimentícios planejou introduzir no mercado um refrigerante concentrado para crianças, usou grupos de discussão para observar a reação. Nas sessões, as crianças colocavam o produto cuidadosamente nos copos. Mas, em casa, não puderam resistir à tentação de enfeitar pisos e paredes com o líquido colorido. Após uma torrente de reclamação dos pais, o refrigerante foi retirado do comércio.

NÃO SE DEIXE ENCANTAR POR MERCADOS DE TESTE

Há um fator problemático em mercados de teste. Seu objetivo é prever o desempenho do produto, mas os resultados podem ser prejudicados por acontecimentos imprevisíveis. A Campbell Soup Company passou 18 meses desenvolvendo uma mistura de suco de frutas chamada Juiceworks. Quando chegou ao mercado, três marcas concorrentes já estavam nas prateleiras. A Campbell abandonou o produto.

A Crystal Pepsi (transparente), testada no mercado, rapidamente atingiu participação 4. Logo foi considerada um sucesso pela imprensa comercial. Errado. Vários meses depois, caiu para participação 1.

Os profissionais de marketing se esqueceram de levar em conta o fator curiosidade. As pessoas estavam apenas curiosas em relação ao refrigerante transparente. Depois, decidiram que o de cor escura, tradicional, tinha gosto melhor. (Sem dúvida.)

NÃO ACREDITE EM TUDO QUE DIZEM

Os pesquisadores podem prometer revelar atitudes, mas elas não são um indicador confiável de comportamento. Geralmente, as pessoas falam uma coisa, mas fazem outra. Mark Twain disse com brilhantismo: "Acho que nunca nos tornamos realmente genuínos e honestos, até que estejamos mortos, e, mesmo assim, há muitos anos. As pessoas deveriam nascer mortas, para se tornarem honestas muito mais cedo".

Algum tempo atrás, a DuPont encomendou um estudo. Os pesquisadores pararam 5.000 mulheres a caminho do supermercado e lhes perguntaram o que pretendiam comprar.

Se tivessem confiado naqueles resultados, teriam falido.

Por quê? Os pesquisadores verificaram as compras das mesmas mulheres na saída do supermercado. Em termos de categorias pretendidas, apenas 3 em 10 compraram o produto mencionado – 7 em 10 optaram por outras marcas.

Outro exemplo clássico é a pesquisa realizada pela Xerox, antes de introduzir a copiadora para papel comum. A conclusão foi a de que ninguém pagaria 5 centavos por uma cópia em papel comum, se podia obter uma cópia Thermofax por 1 centavo e meio.

A Xerox ignorou a pesquisa, e o resto já sabemos.

TIRE ALGUMAS FOTOS DA MENTE

O que desejamos obter é uma foto rápida das *percepções* da mente, e não pensamentos profundos ou sugestões.

Estamos buscando os pontos fortes percebidos, e os pontos fracos, nossos e de nossos concorrentes, existentes na cabeça do grupo-alvo de consumidores.

Nosso modo de pesquisa predileto é enumerar os atributos básicos de determinada categoria, e depois pedir às pessoas que os classifiquem de 1 a 10. O procedimento é repetido para cada concorrente. O objetivo é descobrir quem possui determinada idéia ou conceito naquela categoria.

Usemos como exemplo o creme dental. Talvez existam seis atributos em torno desse produto: prevenção de cáries, sabor, branqueamento dos dentes, proteção do hálito, ingredientes naturais e tecnologia avançada. A Crest construiu sua marca com a prevenção de cáries; Aim, com o sabor; UltraBrite, com o branqueamento; e Close-Up, com a proteção do hálito. Mais recentemente, Tom's de Maine lançou mão dos ingredientes naturais, e a Mentadent tornou-se o principal participante com sua tecnologia de peróxido e bicarbonato de sódio.

Todos possuem um atributo.

O segredo é descobrir, antecipadamente, que atributo gostaríamos de introduzir na mente do consumidor. A pesquisa deveria servir como um mapa rodoviário da mente, com estradas contornando as percepções que ela tem de nossos concorrentes. (Falei sobre isso no Capítulo 3.)

TENHA UMA PALAVRA NA MENTE

Em *As 22 Consagradas Leis de Marketing* escrevi sobre a *lei do foco*. Uma empresa pode tornar-se extremamente bem-sucedida, se conseguir se transformar em uma única palavra na mente do cliente potencial. Não uma palavra complicada, nem inventada. As palavras simples são as melhores.

É a lei do foco. Abrimos caminho na mente do consumidor ao reduzir o foco para uma única palavra ou conceito. É o sacrifício máximo em marketing.

A Federal Express conseguiu colocar a expressão *da noite para o dia* na mente dos clientes potenciais. Sacrificou sua linha de produtos e focou apenas a entrega de encomendas da noite para o dia.

Não precisamos ser um gênio da lingüística para encontrar uma palavra vencedora. A marca Prego foi lançada para competir contra a líder Ragu no mercado de molho para espaguete, e conseguiu uma participação de 16% com uma idéia que tomou emprestada da Heinz. As palavras da Prego são: *mais espesso*.

As palavras mais eficazes são simples e voltadas para o benefício. Por mais complicado que seja o produto, por mais complicadas que sejam as necessidades do mercado, é sempre melhor focar uma palavra, ou benefício, do que duas, três ou quatro. Papa John's Pizza usou duas palavras: *melhores ingredientes*.

Além disso, existe o efeito luminoso. Se estabelecermos fortemente um benefício, os clientes potenciais provavelmente nos darão muitos outros. Um molho de espaguete "mais espesso" sugere qualidade, ingredientes nutritivos, valor, e assim por diante. Um carro "mais seguro" implica melhor *design* e mecânica superior.

Resultante ou não de um programa deliberado, a maioria das empresas (ou marcas) de sucesso são aquelas que possuem uma palavra na mente do cliente potencial. Vejamos alguns exemplos:

Crest	Cáries
Mercedes	Mecânica
BMW	Dirigibilidade
Volvo	Segurança
Domino's	Entrega em domicílio
Pepsi-Cola	Juventude
Nordstrom	Serviço

As palavras variam. Podem ser relacionadas ao benefício (prevenção de cáries), ao serviço (entrega em domicílio), ao público (jovens) ou às vendas (marca preferida). Mas, sobretudo, precisam ser simples. E isso me leva a falar de algo que me irrita.

LINGUAGEM COMPLEXA É CONFUSA

Certa vez, Mark Twain escreveu uma carta a um jovem amigo: "Notei que você usa linguagem simples, comum, palavras curtas, sentenças breves. É a melhor maneira de se redigir em inglês. É a maneira moderna e a melhor. Continue assim".

Precisamos de mais opiniões como a de Mark Twain no mundo dos negócios.

Quando Shakespeare escreveu Hamlet, dispunha de 20.000 palavras. Quando Lincoln escreveu o discurso de Gettysburg no verso de um envelope, havia cerca de 114.000 palavras disponíveis. Hoje existem mais de 600.000 no *Webster's Dictionary.* Tom Clancy parece ter usado todas elas em seu último romance de mil páginas.

A linguagem torna-se cada vez mais complicada. Por isso, as pessoas precisam fugir à tentação de experimentar algumas dessas palavras novas e raramente usadas.

Já imaginou se alguns provérbios famosos tivessem sido escritos com mão mais pesada e palavras mais elaboradas? Aqui está uma amostra de algumas idéias simples transformadas em frases complexas:

- A profundidade da pulcritude é meramente de natureza cutânea. (*A beleza é superficial.*)
- Não é eficaz doutrinar uma ave psitaciforme, de idade avançada, com manobras de palração. (*Papagaio velho não aprende a falar.*)
- Vapores visíveis, que emanam de materiais carbônicos, são precursores de conflagração iminente. *(Onde há fumaça, há fogo.)*
- A massa giratória de conglomerados líticos não acumula uma população de briófitos. *(Pedra que rola não pega musgo.)*

Acho que fui claro. Boa redação e pronúncia não podem ser confusas. Precisam ser claras e compreensíveis. O texto, quanto mais resumido, melhor.

O MUNDO DOS NEGÓCIOS TEM LINGUAGEM PRÓPRIA

Se não bastassem todas as palavras novas, os executivos estão ocupados inventando linguagem própria. Aqui está a citação de um futurista e guru da administração: "Gerentes passaram a entender que existem modos múltiplos de mudança. Um é o que denomino 'paradigma do aprimoramento', que diz respeito à mensagem da qualidade total, à melhoria contínua. O outro é a mudança radical – ou mudança no desvio do paradigma –, que é diferente de qualquer outro tipo de mudança com a qual precisamos lidar".

A revista *Fortune* ("Jargon Watch", 3 de fevereiro de 1997) informou que a Better Communications, uma empresa de Lexington, Massachusetts, que ensina redação aos empregados, selecionou essas frases do jargão administrativo, que descreveu como "memorandos do inferno" em circulação nas empresas Fortune 500.

- A alta liderança pratica uma visão espacial. *(Os chefes estão pensando além da próxima semana.)*
- Valor agregado é a chave para acelerar exponencialmente as curvas de lucro. *(Vamos aumentar as vendas e os lucros oferecendo o que os clientes desejam.)*
- Precisamos colocar em perspectiva esta iniciativa administrativa. *(Vamos elaborar um plano.)*
- Utilizamos uma ação conjunta de expertise interfuncional. *(Funcionários de diversos departamentos conversaram uns com os outros.)*
- Não cause impacto negativo em programas de incentivo ao empregado. *(Não brinque com o pagamento dos funcionários.)*
- Seu cargo, no momento, é considerado "existente". *(Você ainda não foi despedido.)*

Por que os executivos falam com tanto mistério de coisas como *core competency* (o que fazemos bem) ou *empowerment* (delegar) ou *paradigmas* (como agimos)? A situação complicou-se tanto em um livro intitulado *Fad Surfing in the Boardroom,* que a autora, Eileen Shapiro, teve de publicar um dicionário sobre novas palavras do mundo dos negócios, e o *Wall Street Journal* (8 de junho de 1998) revelou um novo esporte chamado *bingo de palavras complexas especializadas.* Empregados marcam pontos em reuniões, enquanto acompanham o jargão e os lugares-comuns que os superiores recitam pomposamente. (*Deliverables, net net* e *impactfulness* são palavras valorizadas.)

Percebemos que os executivos acham que, ao serem usadas, essas palavras parecerão inteligentes, complicadas e significantes. Na verdade, tornam-se apenas incompreensíveis. Portanto, o que um gerente pode fazer para combater a complexidade? Existe ajuda.

O Dr. Rudolf Flesch empreendeu uma cruzada solitária contra a pompa e a obscuridade das redações. (Entre seus livros está *The Art of Plain Talk.*) Ele foi um dos primeiros a sugerir que, no mundo empresarial, as pessoas que escrevem da forma como falam escrevem melhor.

A abordagem de Flesch funcionaria assim, na resposta a uma carta: "Obrigado pela sugestão, Jack. Pensarei a respeito e lhe darei um retorno assim que possível". O oposto seria: "Sua sugestão foi recebida nesta data e, após deliberação minuciosa e imprescindível, comunicaremos os resultados".

É preciso encorajar a linguagem direta, simples, e banir as palavras empresariais complexas. Não apenas na redação, mas também na conversação.

Simplicidade ao Ouvir

Mais do que isso, precisamos incentivar a simplicidade como o caminho para ouvir melhor. Sufocada pela tagarelice incessante do mundo moderno, a capacidade de ouvir passa por dificuldades. Estudos mostram que as pessoas se lembram de apenas 20% do que ouviram nos últimos dias.

Em um artigo de 10 de julho de 1997, o *Wall Street Journal* informou que nos tornamos uma nação de tagarelas que não ouve de maneira nenhuma. Apenas aguardamos nossa chance de falar.

E, como se não bastasse, diz o jornal, a biologia também trabalha contra a atenção ao ouvir. A maioria das pessoas fala a uma velocidade de 120 a 150 palavras por minuto, mas o cérebro pode processar facilmente 500 palavras por minuto, deixando muito tempo para a inquietação mental. Se determinado orador for um pouco complexo e confuso, a platéia precisará fazer um esforço heróico para permanecer atenta, em vez de fingir concentração.

Reuniões e apresentações sem objetividade e simplicidade são uma perda de tempo e dinheiro. Pouco será transmitido, pois as pessoas simplesmente se desligam. Pode ser muito dispendioso.

Uma História Real

Muitos anos atrás, um sócio assistente e eu saíamos de uma reunião de duas horas, na qual uma empresa de projetos apresentara suas idéias para um projeto multimilionário de desenvolvimento de uma logomarca. Como sempre, os apresentadores usaram termos como *modalidade* e *paradigmas*, e fizeram referências vagas à *preferência de cor*. Foi uma apresentação carregada de conceitos complexos e obscuros. Confessei ao meu colega estar confuso com o que fora dito e perguntei sua opinião. Ele sorriu e deu a impressão de ficar aliviado. Depois, reconheceu que não havia entendido uma palavra dita, mas teve medo de admitir o fato, para não parecer idiota.

Aquela empresa desperdiçou milhões de dólares, para mudar uma logomarca excelente, porque ninguém teve a coragem de pedir aos apresentadores que explicassem seu propósito em linguagem simples e compreensível. Se fosse assim, eles e seus projetos teriam deixado a sala sob uma onda de risadas.

A moral desta história é que nunca devemos permitir que uma palavra ou conceito confuso passe em brancas nuvens. Se o fizermos, pagaremos caro por isso. Peça aos apresentadores que traduzam os termos complexos em linguagem simples. Nunca tema dizer "Não entendi". Precisamos ser intolerantes em relação à arrogância intelectual.

Não suspeite de suas primeiras impressões. Em geral, elas são as mais exatas.

Não lute contra seus instintos por medo de parecer tolo. De certa forma, as perguntas mais ingênuas podem ser as mais profundas.

Deixemos que Peter Drucker, do *The Effective Executive,* diga as últimas palavras sobre a linguagem simples:

> *Uma das tendências mais degenerativas dos últimos quarenta anos é a crença de que, se nos fizermos entender, somos vulgares. Na minha infância, suponha-se que economistas, físicos, psicólogos – líderes em qualquer área – seriam compreendidos. Einstein passou anos com três colaboradores, para tornar sua teoria da relatividade acessível ao leigo. Até mesmo John Maynard Keynes tentou tornar acessível sua ciência econômica.*

Outro dia mesmo, ouvi um especialista sênior rejeitar seriamente o trabalho de um colega mais jovem porque mais de cinco pessoas poderiam entender o que ele estava fazendo. Literalmente.

RESUMO

Grandes idéias estratégicas quase sempre podem ser apresentadas com palavras simples.

7

A ESTRATÉGIA É A LIDERANÇA

A função do CEO é liderar a mudança, exatamente o tema que analiso no último capítulo de inúmeros livros que escrevi.

Estratégia, idéia e carta de intenções dependem da simples premissa de que precisamos saber para onde vamos. Ninguém pode nos seguir, se não soubermos para onde estamos indo.

Há muitos anos, em um livro chamado *The Peter Principle,* os autores Laurence Peter e Raymond Hull fizeram esta observação:

> *A maioria das hierarquias, hoje, está tão sufocada por regras e tradições, e tão limitadas por leis públicas, que até mesmo altos executivos não precisam encaminhar ninguém a lugar nenhum, quanto a apontar a direção e definir o ritmo. Eles simplesmente seguem precedentes, obedecem a regulamentos e prosseguem à frente da multidão. Esses empregados lideram apenas no sentido de que a carranca de madeira esculpida adorna o navio.*

Talvez essa opinião pessimista sobre as aptidões de líderes tenha levado à explosão de centenas de livros sobre liderança (a maioria pura tolice). Há orientações sobre como competir com sucesso (Átila, o rei dos hunos), o que alcançar (paz interior), o que estudar (fracasso), o que conseguir (carisma), a arte de delegar (às vezes), como colaborar (talvez), líderes secretos dos Estados Unidos (mulheres), as qualidades pessoais da liderança (ter integridade), como obter credibilidade (ser confiável), como ser um líder autêntico (encontrar o líder interior), e as nove leis naturais da liderança (nem me pergunte). Na verdade, existem 3.098 livros publicados com a palavra *líder* no título.

Para nós, saber como ser um líder eficaz não requer um livro inteiro. Drucker apresenta a resposta em poucas palavras. "A base da liderança eficaz é analisar a missão da organização, definindo-a e estabelecendo-a com clareza e objetividade. O líder fixa metas, prioridades e padrões, além de mantê-los."

VÁ À LUTA

Como encontrar a direção certa? Para tornar-se um grande estrategista, você tem de colocar sua mente na lama do mercado. Precisamos encontrar inspiração no front, nas flutuações constantes das grandes batalhas de marketing que ocorrem na mente do cliente potencial.

O despretensioso Sam Walton foi às linhas de frente de cada uma de suas lojas Wal-Mart. Ele até mesmo passava algum tempo nas docas, no meio da noite, conversando com os estivadores.

Ao contrário do "Senhor Sam," muitos CEOs costumam perder o contato com a realidade. Quanto maior a empresa, maior a probabilidade de perder contato com as linhas de frente, talvez o fator mais importante que limita o crescimento de uma empresa.

Todos os fatores devem ser considerados. Marketing é guerra e o primeiro princípio da guerra é força. O maior exército, a maior empresa, leva vantagem. Mas a maior empresa desiste de parte dessa vantagem, se não consegue se manter focada na batalha de marketing que ocorre na mente do consumidor.

O duelo, na General Motors, entre Roger Smith e Ross Perot é bem ilustrativo. Quando fazia parte do Conselho de Administração da GM, Ross Perot passava os finais de semana comprando carros e criticava Roger Smith por não fazer o mesmo.

"Temos de implodir o sistema GM", sustentava Perot. Ele defendia jogar uma bomba atômica nas garagens aquecidas, queria limusines com motorista e refeitórios executivos.

Limusines com motorista para os gerentes de uma empresa que tentava vender carros? Desconexão da alta gerência com o mercado é o maior problema que as grandes empresas enfrentam.

Se você é um CEO atarefado, como obtém informações objetivas sobre o que realmente está acontecendo? Como você lida com a tendência dos gerentes médios de lhe contar o que acham que você deseja ouvir? Como você fica sabendo das boas e das más notícias?

Se não fica sabendo das más notícias diretamente, idéias ruins podem florescer, em vez de serem exterminadas. Veja a seguinte parábola:

O PLANO

No começo, Deus criou o Plano.

E depois vieram as Suposições.

E as Suposições não tinham forma.

E o Plano não tinha nenhuma substância.

OS EMPREGADOS

E a escuridão desceu sobre a face dos trabalhadores
Enquanto falavam com o Líder de seu grupo:
"É uma merda e fede".

OS LÍDERES DE GRUPOS

E os Líderes de Grupos foram aos Líderes de Seção e disseram:
"É um balde de fezes e ninguém tolera o odor".

OS LÍDERES DE SEÇÃO

E os Líderes de Seção foram aos Gerentes e disseram:
"É um contêiner de excremento. E o cheiro é muito forte.
Tão forte que ninguém o tolera".

OS GERENTES

E os Gerentes foram ao Diretor e disseram:
"É um navio de fertilizante. E nada supera sua força".

O DIRETOR

E o Diretor foi ao Vice-presidente e disse:
"Promove crescimento e é muito poderoso".

O VICE-PRESIDENTE

E o VP foi ao Presidente e disse:
"Este novo Plano poderoso promoverá ativamente o crescimento e a eficácia da Empresa".

A POLÍTICA

E o Presidente olhou o Plano e viu que era bom e o Plano tornou-se a Política da empresa.

PROCURAM-SE: OPINIÕES HONESTAS

Uma forma possível de descobrir o que realmente está acontecendo é "usar um disfarce" ou bisbilhotar sem aviso prévio. Seria muito prático para distribuidores ou varejistas. De certa maneira, é semelhante à história do rei que se veste de homem do povo e se mistura aos súditos. O motivo: obter opiniões honestas sobre os acontecimentos.

Como reis, CEOs raramente ouvem opiniões honestas de seus ministros. Há intrigas demais na corte.

Os membros da força de vendas, se a empresa possui uma, são elementos fundamentais na equação. O segredo é descobrir um jeito de obter deles uma avaliação boa e imparcial da concorrência. O melhor que podemos fazer é elogiar as informações honestas. Depois que circularem os rumores de que o CEO preza a honestidade e a realidade, muitas informações boas surgirão.

PROCURA-SE: UM LÍDER VISÍVEL

O melhor líder sabe que apenas a direção não basta. Os melhores líderes são contadores de histórias, chefes de torcidas e facilitadores. Eles reforçam o senso de direção ou perspectiva com palavras e ação.

Nunca existiu maior líder no setor de companhias aéreas do que Herb Kelleher, o ex-CEO da Southwest Airlines. Ele se tornou o rei do setor de viagens aéreas curtas de baixo custo. Ano após ano, sua companhia aérea aparece em toda lista de empresas "mais admiradas" e "mais lucrativas".

Se você já voou pela Southwest, provavelmente reconhece o incrível espírito e entusiasmo dos empregados. Eles têm até mesmo um senso de humor que, segundo um passageiro, "torna prazerosa a viagem naquele carro de boi".

Qualquer um que conhece Kelleher sabe que a personalidade da empresa é a *dele*. Ele é o incrível chefe de torcida que manteve aqueles aviões em movimento e o moral alto. Ele estava, de fato, no meio de seus subordinados.

Ele conhecia seus empregados e seu negócio. Em uma reunião com Kelleher, eu o incentivei a comprar a linha aérea da East Coast, que estava à venda. Ele transformaria a Southwest instantaneamente em uma grande competidora da Costa Leste.

Kelleher pensou um pouco e ponderou: "Sem dúvida, eu gostaria de ganhar Nova York, Washington e Boston, mas não quero os aviões deles e, principalmente seus empregados".

Ele estava certo. Incentivar aqueles empregados da ponte aérea da East Coast teria sido impossível.

Kelleher simboliza outro atributo dos grandes líderes. Eles costumam viver a empresa e passam a personificá-la. Nos dias de glória do Chase Manhattan Bank, seu *chairman*, David Rockefeller, virava notícia simplesmente por visitar chefes de estado estrangeiros. Na verdade, ele era um chefe de estado.

Quando estava no auge, Lee Iacocca personificou a Chrysler.

Hoje, Bill Gates personifica a Microsoft. Ele se parece com um daqueles tontos que só pensam em computadores e vive como um deles.

Um líder visível é uma arma poderosíssima para conquistar clientes e clientes potenciais. Esse tipo de líder fornece credenciais especiais para a empresa. (Os alemães tinham profundo respeito por George Patton – tanto que os aliados o usaram como isca.)

Além disso, os soldados orgulham-se de seguir esse tipo de líder na batalha. Confiam nele instintivamente. Sem confiança, não há seguidores. E, sem seguidores, não há muita responsabilidade.

NÃO SÃO OS NÚMEROS

Se dependermos apenas de números, podemos morrer por eles. CEOs que vêem seu trabalho simplesmente como instrumento para forçar os empregados a fazerem previsões, colocam em risco não apenas seu cargo, mas a saúde da organização. Nada demonstra melhor essa realidade do que a triste saga de Richard McGinn. Ele era CEO da Lucent Technologies, e transformou o antigo negócio de fabricação de equipamentos da AT&T em uma estrela de Wall Street, ao aumentar as vendas em ritmo de dois dígitos.

Mas nada sobe para sempre e, em 2000, a Lucent errou os números duas vezes. Assim, a pressão pesou sobre o pessoal de vendas. A partir de inúmeros relatos que surgiram na imprensa empresarial, a mensagem de McGinn era fazer negócios, um verdadeiro vale-tudo. Segundo a imprensa, a empresa prometeu aos clientes inúmeros descontos, créditos e outros incentivos infalíveis para as vendas previstas. Quando a empresa errou os números novamente, o céu desabou e McGinn caiu fora. As ações despencaram e o futuro da Lucent tornou-se duvidoso. Como mencionado anteriormente, podemos morrer se errarmos demais nos números.

Se sua estratégia funcionar, os números serão uma conseqüência.

SÃO AS PERCEPÇÕES

Se há uma lição a se tirar deste livro, aqui está: estratégias bem-sucedidas ou fracassadas têm a ver com problemas perceptivos e oportunidades no mercado. E têm a ver com o entendimento de que a mente do consumidor é o campo de batalha onde vencemos ou perdemos.

Não podemos ser controlados por aquelas maravilhosas apresentações feitas pelos executivos sobre como nossa empresa pode fazer um produto melhor ou alavancar melhor distribuição ou preparar a força de vendas para entrar no mercado. Precisamos permanecer focados na opinião do cliente potencial. Opiniões são difíceis de mudar, se não impossíveis. E, se os executivos dizem que pode ser feito, não acredite neles. Quanto mais entendemos a opinião do cliente ou cliente potencial, menor a probabilidade de enfrentarmos problemas.

Certa vez perguntei a um dos ex-CEOs da General Motors se ele alguma hora questionou a proliferação de modelos de carros que, por fim, destruíam o significado das marcas da empresa (ele era ligado à área financeira, com pequena formação em marketing).

Aquela pergunta o fez parar e pensar durante alguns segundos. Sua resposta: "Não, mas me lembro de achar que estava ficando meio confuso". Sua preocupação estava absolutamente correta, mas ele não conseguiu agir segundo sua intuição. Ele supôs que os executivos sabiam o que estavam fazendo, mas isso não era verdade. Demorou alguns anos, mas esse erro foi sentido na GM. Hoje, graças à intensa competição, percebemos a conseqüência dos erros em questão de meses, não de anos. É por isso que o marketing é importante demais para ser colocado nas mãos de subordinados. Para sobreviver, um CEO tem de assumir a responsabilidade total pelo que chega ao mercado. Afinal de contas, seu cargo está em jogo.

Certa vez, eu disse exatamente isso ao chefe de uma grande divisão de uma enorme empresa. Embora ele tenha reconhecido a importância de se envolver, expressou sua preocupação em relação a reduzir a responsabilidade dos executivos de nível médio. Ora, precisamos colocar esse tipo de preocupação de lado, para ficarmos longe de encrencas.

É PRECISO PENSAR EM LONGO PRAZO

Digamos que você focou os concorrentes e descobriu seus pontos fortes e fracos, na opinião dos clientes potenciais. Você procurou aquele atributo ou idéia diferenciada, que funcionará no campo de batalha mental.

Depois você focou seus esforços para desenvolver uma estratégia coerente, a fim de explorar aquela idéia, e está disposto a fazer as mudanças dentro da organização, para explorar as oportunidades externas. É o que chamamos de *execução.*

Agora você precisa estar disposto a esperar que a estratégia se desenvolva. Manobras de marketing demoram para se desenvolver. Por isso precisamos – diante da pressão de Wall Street, do Conselho de Administração e dos empregados – estar determinados a manter o curso. Nada ilustra melhor isso do que o exemplo da Lotus Development Corporation, a empresa que inventou a planilha para computador.

A Lotus foi ultrapassada pela introdução da planilha da Microsoft, Excel para Windows, que aproveitou ser a criadora do Windows. A Lotus chegou tarde ao mercado com a versão Windows de sua planilha, por isso a empresa passou a ter problemas sérios. Jim Manzi, o CEO na época, decidiu mudar o campo de batalha. Para ele, o futuro da marca tinha de ser *groupware* (software projetado para grupos ou redes de computadores, ao contrário de software para computadores individuais), porque a Lotus estava nos estágios iniciais do desenvolvimento de um produto denominado Notes, que se tornou o primeiro *groupware* bem-sucedido. Assim, *groupware* tornou-se o foco, enquanto Manzi começava o processo de construir e suportar o Notes e o negócio de *groupware*.

É PRECISO AGÜENTAR FIRME

Chegar ao patamar que a Lotus ocupa hoje exigiu enorme esforço. Quando lhe perguntaram sobre a idéia de mudar o foco, Jim Manzi resumiu tudo como um "processo brutal". Aqui está a história que ele me contou, com suas palavras:

> *A planilha era o centro de gravidade da Lotus. Ela chegou a representar 70% de nosso negócio. Era nosso negócio "mainframe", por assim dizer. Mas a Microsoft e o Windows realmente obscureceram nosso futuro.*
>
> *No início dos anos 90, achei que o Notes era o melhor futuro para nós. Infelizmente, nem todos na empresa concordavam comigo. Muitos queriam simplesmente continuar a melhorar a planilha. Durante um período difícil, 12 vice-presidentes deixaram a empresa.*
>
> *Eles não viam o futuro como eu.*
>
> *Tudo isso, além do investimento contínuo nesse produto, não passou despercebido ao Conselho de Administração. Manter seus membros favoráveis ao Notes exigiu repetir a história muitas vezes, mantendo a perspectiva e construindo relacionamentos, tanto dentro quanto fora da empresa.*
>
> *Quando o Conselho de Administração perde a visão do futuro, os problemas aumentam.*

Felizmente os números começaram a melhorar e as pessoas passaram a sentir-se mais à vontade com um investimento que se aproxima de US$ 500 milhões.

Manzi sabia para onde estava indo, sem dúvida. A história teve final feliz. A IBM comprou a empresa por US$ 3,5 bilhões e, desde então, transformou a Lotus em um dos marcos de seu negócio de software com clientes empresariais. A Lotus estava em grande dificuldade, mas um esforço corajoso, em longo prazo, livrou a empresa de um problema provavelmente fatal.

A experiência de Manzi prova que a estratégia é uma questão de liderança.

LÍDERES SÃO BONS GENERAIS

Por fim, se estamos em guerra, é importante adotarmos as qualidades de um bom general.

- *Precisamos ser flexíveis.* Tal atitude é necessária para ajustarmos a estratégia à situação, e não o contrário. Um bom general tem tendências próprias, mas analisará seriamente todas as alternativas e pontos de vista, antes de tomar uma decisão.
- *Precisamos ter coragem mental.* Em determinado momento, nossa mente aberta precisa fechar-se, para que possamos tomar decisões. Um bom general vai fundo até encontrar a força de vontade e a coragem mental necessárias para triunfar.
- *Precisamos ser corajosos.* Quando o momento certo chegar, devemos atacar com rapidez e decisão. Coragem é uma característica bastante valiosa, quando a maré está a nosso favor. É o mo-

mento de jogar tudo. Cuidado com aqueles que demonstram coragem excessiva quando as cartas estão contra eles.

- *Precisamos conhecer os fatos.* Um bom general constrói a estratégia de baixo para cima, começando com os detalhes. Quando ela estiver desenvolvida, será simples, mas poderosa.
- *Precisamos ter sorte.* A sorte é importante para o sucesso, desde que possamos explorá-la. E quando a sorte acaba, devemos estar preparados para reduzir as perdas rapidamente. "Capitular não é uma desgraça", disse Clausewitz. "Um general não pode nutrir a idéia de lutar até o último homem mais do que um bom jogador de xadrez daria continuidade a uma partida obviamente perdida."

Amém.

Apesar dos ternos caros, automóveis elegantes e aviões empresariais, não se esqueça de que os líderes são seres humanos. E por isso podem ser seduzidos pelo poder, dinheiro e ego. Wall Street, com sua canção de sereia que promete crescimento, prestígio e fama, pode levá-los a perder contato com o que realmente está acontecendo no mercado e dentro de suas organizações.

Um Exemplo Perfeito

Se eu fosse citar um líder como exemplo, escolheria James D. Sinegal, da Costco. Sua empresa é considerada a única que o Wal-Mart teme – e por bons motivos, pois ninguém administra *warehouse clubs* melhor do que a Costco. Basta olhar os números. Sam's Club, porta de entrada do Wal-Mart, tem 70% mais lojas do que a Costco, mas a Costco vende mais (US$ 34,4 bilhões *versus* US$ 32,9 bilhões). Com isso, a loja Costco média gera quase o dobro de receitas (US$ 112 milhões *versus* US$ 63 milhões). Como Sinegal consegue tudo isso?

Para começar, sua estratégia consiste em oferecer produtos sofisticados com enormes descontos. Ele conquistou uma casta de indivíduos urbanos sofisticados, que pagam mais por produtos interessantes e menos por marcas próprias de produtos mais comuns. Já o Wal-Mart vende para o mercado médio de massa.

Além disso, ele não deixa que o Wal-Mart administre a empresa dele. Como explicou em recente artigo na *Fortune*, intitulado "The Only Company Wal-Mart Fears", de John Helyan (24 de novembro de 2003), "Preocupo-me com o preço das ações. Mas não tomaremos certas atitudes apenas por causa de um trimestre, algo que possa destruir a essência de nossa empresa e o que defendemos".

Ele se mantém nas boas graças dos subordinados porque limita seu salário (US$ 350.000) e não lança mão de gratificações há 3 anos. Seus rendimentos não ultrapassam duas vezes a remuneração de um gerente de loja Costco. (Não é interessante?)

A moral da história é que a qualidade da liderança pode beneficiar ou prejudicar a quantidade de recursos.

Um artigo da *Fortune* fez referência à afirmação de um investidor e diretor da Costco: "Aqui está a diferença entre a Sam's e a Costco. Temos um Sam Walton vivo e o Wal-Mart, não".

RESUMO

Ninguém o seguirá, se você não souber para onde está indo.

8

A ESTRATÉGIA É A REALIDADE

Na última década, presenciamos as dificuldades e até mesmo os fracassos de alguns dos ícones corporativos norte-americanos. Polaroid, AT&T, Xerox, Levi Strauss, Enron, Lucent e muitos outros passaram de heróis a vilões. Eram empresas ricas, repletas de talento, cercadas de consultores e cortejadas por Wall Street. Seus líderes recebiam milhões em compensações anuais e eram tratados, pela mídia, como verdadeiras celebridades. Essas empresas tornaram-se as estrelas infames de meu livro *Big Brands, Big Trouble.* As lições estratégicas, arduamente aprendidas, podem ser resumidas em uma afirmação simples: todas perderam contato com a realidade do mercado.

A ARMADILHA DO CRESCIMENTO

Nas minhas estimativas, Wall Street é o centro de muitos erros estratégicos, quase sempre criando um ambiente que incentiva acontecimentos ruins, às vezes irrevogáveis. De certa forma, Wall Street prepara uma estufa de problemas e, como uma estufa, tudo que faz é incentivar o *crescimento*. Esse desejo de crescer é o ponto principal do que pode dar errado para muitas empresas. O crescimento é o subproduto de agir corretamente, mas não é uma meta em si. Na verdade, seu desejo é o responsável pelas metas impossíveis.

CEOs buscam o crescimento para garantir sua permanência na empresa e aumentar seu salário. Corretores de Wall Street buscam o crescimento para garantir sua reputação e aumentar seu salário.

Mas será que tudo isso é necessário? Não exatamente. Se considerarmos que as pessoas agem de forma nociva para forçar o crescimento desnecessário, podemos dizer que é um crime contra a marca. Uma história real ilustra como o desejo de crescimento é a raiz de todo o mal.

Fui chamado para avaliar planos empresariais de uma grande empresa farmacêutica com diversas marcas. Os gerentes de marca apresentaram os planos para o ano seguinte. No decorrer de uma apresentação, um jovem executivo alertou sobre uma nova concorrência agressiva em sua categoria que, sem dúvida, mudaria o equilíbrio de poder. Mas quando o assunto foi a projeção de vendas, houve um aumento previsto de 15%. Imediatamente questionei o prognóstico, tendo em vista a nova concorrência.

Sua resposta foi que fariam algumas manobras de curto prazo e promoveriam a extensão da linha. Mas, em longo prazo, isso não prejudicaria a marca? Sim, claro. Então por que fazê-lo? Porque era uma determinação de seu chefe, e eu teria de falar com ele.

Uma semana depois, o chefe assumiu a decisão, mas disse que seu superior precisava do aumento por causa de, você sabe, Wall Street.

A ILUSÃO DOS 15%

Carol Loomis, editora famosa da *Fortune*, escreveu um artigo fundamental (5 de fevereiro de 2001) sobre esse assunto, que desafiou as "previsões imprudentes sobre crescimento de resultados que, quase sempre, levavam a falsos objetivos, ações inconseqüentes e contabilidade inventada". A pergunta final foi "Por que os CEOs não conseguem abandonar o vício?"

No artigo, Loomis apresentou o que passou a ser o comportamento executivo aceitável:

> *De todas as metas articuladas, a mais comum entre as empresas de certo porte é o crescimento anual de 15%, baseado em resultados por ação – o equivalente, poderíamos dizer, a construir um time apenas de estrelas. Com crescimento de 15%, uma empresa dobraria seus ganhos em cinco anos. Inevitavelmente seria uma estrela no mercado de ações, e o CEO receberia, por assim dizer, a honra de desfilar pelas ruas com direito a chuva de papel picado.*

Não é preciso ser um gênio para entender por que isso acontece. São esses tipos de previsão que chamam a atenção de Wall Street. É como uma dança romântica entre Wall Street e a gerência, enquanto sussurram doces bobagens um para o outro. A gerência deseja que os principais analistas a sigam e recomendem suas ações. Wall Street quer um vencedor para dar boa imagem aos analistas e atrair mais dinheiro.

É tudo ilusão.

OS NÚMEROS REAIS

Como Loomis destaca em seu artigo, pesquisas detalhadas mostram que pouquíssimas empresas são capazes de crescer 15% ou mais por ano. A *Fortune* analisou os dados de 150 empresas durante três períodos de tempo básicos nos últimos 40 anos (1960 a 1980, 1970 a 1990 e 1989 a 1999).

Em cada um desses períodos, apenas três ou quatro empresas atingiram resultados de 15% ou mais no fator crescimento. Cerca de 20 a 30 empresas apresentaram uma taxa de 10 a 15%; 40 a 60 empresas, 5 a 10%; 20 a 30 empresas, 0 a 5%, e 20 a 30 apresentaram, na verdade, um valor negativo. Isso mesmo, tanto houve grandes perdedores quanto grandes vencedores.

De maneira geral, durante aquele período de 40 anos, os lucros, tirando os impostos, cresceram a uma taxa anual pouco acima de 8%. Isso significa que qualquer empresa, ao atingir 15%, apresentava quase duas vezes o índice da população geral de empresas.

Com essa realidade, não é de surpreender que as empresas comecem a lançar mão de quaisquer artifícios, para manter alto o índice de crescimento.

AS METAS IMPOSSÍVEIS

Metas são responsáveis pela ruína dos planos de marketing. Oponho-me a elas porque introduzem irrealidade no processo de marketing.

Gerentes obcecados com o que querem fazer adoram fixar metas.

O que são planos em longo prazo, a não ser um esboço minucioso da posição que os gerentes desejam para sua empresa em 5 ou 10 anos? Falam de metas de participação no mercado e retorno para o patrimônio líquido.

Esses gerentes estão tentando forçar o acontecimento das coisas, em vez de procurar algo para explorar. Eles costumam perseguir mercados existentes e ignoram novas oportunidades. Além disso, são orientados internamente, e não externamente.

Quando pressionados com argumentos de que as metas nada mais são do que fantasias, altos gerentes costumam defendê-las como "algo a ser mirado" – como um alvo. Não percebem que a fixação de metas muitas vezes expressa a resistência em aceitar o fracasso. Por isso, as pessoas não fazem as coisas certas. Estão atarefadas tentando atingir aquelas metas irreais.

Tentar atingir a mítica meta de vendas incentivará gerentes de marca a forçar extensões de linha desnecessárias ou iniciar promoções onerosas para sobrecarregar a distribuição. O que é pior, também os impede de isolar o problema, enfrentando-o diretamente, e esforçando-se para resolvê-lo.

Outro ponto negativo da fixação de metas é que ela gera uma certa inflexibilidade. Quando estamos focados em determinado objetivo, muitas vezes perdemos oportunidades que se apresentam em outra direção.

VALE A PENA TER GRANDE PORTE?

Como estamos falando de tudo que é grande, e dos perigos do crescimento, vale a pena investigarmos se esse desejo desesperado de crescer vale todo o esforço que ele requer.

Ao estudar o assunto, rapidamente consegui uma quantidade surpreendente de pesquisas e análises que questionavam seriamente se maior é melhor. Depois, comecei a questionar o que se passava na cabeça daqueles CEOs presos na terra das fusões e aquisições.

Se a empresa é rica e bem-sucedida, ela rejeita mudanças. A IBM não queria ver seu mundo de *mainframes* mudar para computadores pequenos. A General Motors não queria ver seu mundo de carros grandes mudar para carros pequenos.

Em conseqüência, invenções que enfraquecem o negócio principal da empresa são condenadas. É rara a empresa de grande porte, bem-sucedida, que diz: "Ei, aquela idéia é melhor. Vamos abandonar a antiga". Ao contrário, os gerentes rapidamente apontam falhas na nova idéia. Eles nunca levam em consideração que o novo pode ser melhorado até se tornar uma tecnologia que acaba mudando o equilíbrio de poder.

Líderes do mercado têm de estar dispostos a atacar com uma idéia melhor. Se não o fizerem, outro o fará.

GRANDE PORTE DISFARÇADO DE CONVERGÊNCIA

Uma das razões fundamentais para crescer é a *convergência*. A gerência observa que determinadas tecnologias são convergentes, e por isso quer todas elas juntas. É no mundo da mídia que ouvimos mais essa canção. Todas as seis redes de transmissão norte-americanas estão ligadas aos estúdios de produção de televisão e filme, completando a integração total, do começo ao fim, o que acontece também no setor de transmissão por rádio. Cinco empresas entraram com tudo na onda de fusões e aquisições (Viacom, Time Warner, Walt Disney, News Corporation e General Electric).

Mas, com o passar do tempo, um número cada vez maior dessas transações tornou-se problemático. Em vez de golpes de marketing, apareceram problemas contábeis. Como Howard Stringer escreveu no *New York Times*: "Esses negócios caracterizam compras que se camuflam durante dois anos, aí todos abrem os livros e percebem que foram enganados".

O GRANDE PORTE NÃO É BEM ORGANIZADO

Economistas mencionam as dificuldades de organizar grandes empresas, mas, para mim, a melhor análise vem do antropólogo britânico Robin Dunbar. No excelente livro intitulado *The Tipping Point,* Malcolm Gladwell nos apresenta Dunbar, cujo trabalho girou em torno do que ele denominou *capacidade social* dos seres humanos, ou até que ponto podemos administrar um grupo grande sem desconforto. A observação de Dunbar é que formamos os maiores grupos sociais de todos os primatas porque somos os únicos animais com cérebros de tamanho suficiente para lidar com as complexidades dessa organização social. Segundo Dunbar, o número máximo de indivíduos com os quais podemos ter uma relação genuinamente social, que inclui saber quem são e como se relacionam conosco, parece ser 150.

Gladwell extraiu da obra de Dunbar a seguinte observação, que trata da essência de ser grande demais:

> *Com um tamanho maior, temos de impor hierarquias complicadas e regras e regulamentos e medidas formais, para tentar comandar a lealdade e a coesão. Mas, abaixo de 150 indivíduos, Dunbar argumenta, é possível atingir esses mesmos objetivos informalmente: "Podemos implementar ordens e controlar o comportamento desatinado com base na lealdade pessoal e nos contatos diretos homem a homem; com grupos maiores, isso se torna impossível".*

PROJETOS PESSOAIS

Dunbar nunca percebeu o que acontece em grandes empresas. Todos os primatas desenvolvidos têm algo denominado *projeto pessoal reflexo.* Funciona mais ou menos assim: diante de uma decisão que seria melhor para a empresa, contra uma que seria melhor para o indivíduo, na maioria das vezes o ser humano opta pela decisão que melhora sua carreira. Outra expressão que define esse comportamento é *ficar famoso.*

Durante toda minha vida no mundo dos negócios, nunca vi um profissional de marketing começar uma nova tarefa, olhar em volta e dizer: "A situação parece ótima. Não vamos mexer em nada". Ao contrário, todos os profissionais de marketing enérgicos querem entrar e começar a melhorar as coisas. Querem ficar famosos. Permanecer ali sentado, sem fazer nada, não parece correto. Quando a empresa tem escritórios repletos de empregados, eles sentem necessidade de realizar intermináveis mudanças na marca. É assim que evitam o tédio.

Além disso, é assim que as marcas ficam em apuros. Quanto mais empregados tivermos, mais difícil será gerenciá-los.

CEOS ESFORÇAM-SE PARA MANTER A PAZ

Todo esse crescimento e tamanho deixou várias megaempresas em dificuldade. A DaimlerChrysler está cortando 26.000 empregos. O Bank of America Corporation e o Bank One passaram por uma fusão e tiveram de lutar contra altos custos.

Não é de estranhar que o *Wall Street Journal* publicou um artigo excelente sobre CEOs enfrentando dificuldades por causa do grande porte das empresas. Para o *Journal,* administrar uma empresa passou a envolver "um novo tipo de complexidade e um novo grau de confusão e desordem". O artigo resumiu muito bem os problemas:

O capital voa pelo mundo, a economia oscila e a preferência dos consumidores mudam a cada instante. As informações viajam quase instantaneamente, sejam elas a previsão de resultados ou um boato maldoso. Manobras idiotas ou tropeços estão sujeitos a escrutínio muito maior. É preciso tomar decisões com muito mais rapidez, com informações limitadas. Com vasta expansão no decorrer dos anos, as operações podem tornar funções cotidianas simples, como a comunicação com os empregados, cada vez mais difíceis.

Pelo jeito o CEO de hoje não anda dormindo bem.

MANTER CONTATO

O que muitos CEOs estão fazendo é desviar sua energia para novas tecnologias. Um CEO envia correios eletrônicos periódicos aos 30.000 empregados solicitando *feedback*. (Socorro, estou afundando em cópias impressas?) Outro realiza videoconferências regulares e apresenta, minuciosamente, o mesmo discurso, repetidas vezes, para enfatizar as mensagens. (Socorro, estou entediado pelo mesmo discurso.) E, depois, há as intermináveis viagens de avião, com as quais o CEO pode facilmente cobrir 15.000 milhas por ano. (Socorro, meu corpo não sabe mais que horas são!)

Mas o que realmente acho alarmante é a necessidade crescente de passar cada vez mais tempo em relações públicas e relações com investidores. Um CEO passa um dia por semana fazendo esse tipo de coisa. O motivo: "Grandes investidores querem acesso permanente. É praxe falarmos sempre com os principais acionistas".

Isso significa que outra pessoa precisa administrar o dia-a-dia da empresa.

Portanto, a situação é esta: os CEOs dessas grandes empresas não têm tempo suficiente para se dedicar a algumas decisões importantes que voltam para atormentá-los depois. ("Gostaria de dedicar mais tempo a isto, mas tenho de retornar a ligação de um grande investidor.")

É por isso que o índice de mortalidade corporativa de CEOs está aumentando. Eles precisam conhecer a concorrência e o que torna sua empresa especial.

A REALIDADE DO MERCADO

Minha opinião é que, embora os CEOs não consigam tomar conta de tudo atualmente, a única coisa na qual devem permanecer focados é a realidade do mercado. Se um de seus *experts* em marketing chega com um novo dispositivo mecânico, pergunte quantos iguais àquele já estão no mercado. Depois, pressione-o para explicar por que os consumidores comprariam o seu, e não os outros. Se não houver boas respostas, mande-o voltar ao trabalho. Mas, antes que ele saia, lembre-o de que uma das primeiras leis do posicionamento é "É melhor ser o primeiro do que o melhor". Esta é a realidade, não uma ilusão.

O falecido David Packard, um dos fundadores da Hewlett-Packard, fez uma brilhante observação que parece o final perfeito para este livro: "Marketing é importante demais para o departamento de marketing".

RESUMO

Metas são como sonhos.
Acorde e enfrente a realidade.

ÍNDICE REMISSIVO

Impressão e Acabamento
Oesp Gráfica S.A. (Com Filmes Fornecidos Pelo Editor)
Depto. Comercial: Alameda Araguaia, 1.901 - Tamboré - Barueri - SP
Tel. 4195 - 1805 Fax: 4195 - 1384

CADASTRO DO LEITOR

- Vamos informar-lhe sobre nossos lançamentos e atividades
- Favor preencher todos os campos

Nome Completo (não abreviar):

Endereço para Correspondência:

Bairro: Cidade: UF: Cep: –

Telefone: Celular: E-mail: Sexo: F M

Escolaridade:

☐ 1º Grau ☐ 2º Grau ☐ 3º Grau ☐ Pós-Graduação

☐ MBA ☐ Mestrado ☐ Doutorado ☐ Outros (especificar): ______

Obra: **Estratégia de Marketing – Jack Trout**

Classificação: **Marketing**

Outras áreas de interesse: ______

Quantos livros compra por mês?: ______ por ano? ______

Profissão: ______

Cargo: ______

Enviar para os faxes: **(11) 3079-8067/(11) 3079-3147**

ou e-mail: **vendas@mbooks.com.br**

Como teve conhecimento do livro?

☐ Jornal / Revista. Qual? ______

☐ Indicação. Quem? ______

☐ Internet (especificar *site*): ______

☐ Mala-Direta: ______

☐ Visitando livraria. Qual? ______

☐ Outros (especificar): ______

M. Books

M. Books do Brasil Editora Ltda.

Av. Brigadeiro Faria Lima, 1993 - 5º andar - Cj 51
01452-001 - São Paulo - SP Telefones: (11) 3168-8242/(11) 3168-9420
Fax: (11) 3079-3147 - e-mail: vendas@mbooks.com.br

DOBRE AQUI E COLE

Carta Resposta
7212018100-DR/SPM
M.Books
CORREIOS

CARTA – RESPOSTA

NÃO É NECESSÁRIO SELAR

O selo será pago por

M. BOOKS DO BRASIL EDITORA LTDA

AC Itaim Bibi
04533-970 - São Paulo - SP

DOBRE AQUI

Rem.: ....

End.: ....